엮은이 유소라, 김지원 **표지디자인** 김흙 **내지디자인** 김흙, 이유진
푸드 포토 이과용, 임태준, 허동욱 **재료 포토** 길성묵 **일러스트** 박고은, 김흙

Thanks to 프로그램 콘텐츠 제작에 물심양면으로 도움을 주신 강선영 사장님, 요리연구가 박종숙 선생님께 지면을 빌어 다시 한 번 감사의 말씀을 드립니다.

에드워드권's Kitchen

에드워드권 7성급 호텔에 버금가는 버즈 알 아랍에서 400여 명의 요리사들을 지휘하는 수석총괄조리장을 지냈다. 리츠칼튼 샌프란시스코 수석조리장, 리츠칼튼 하프문베이 수석조리장, 서울 더블유 호텔 부총주방장, 중국 셰라톤 그랜드 텐진 호텔 총주방장, 두바이 페어몬트 호텔 수석총괄조리장으로 활동했으며, 2003년에는 미국 요리사 협회가 선정하는 젊은 요리사 톱 10에 선정되었다.
현재 한국의 대표 쉐프로 국내외에서 명예홍보대사 및 방송출연 등 다양한 활동을 펼치고 있으며 'Eddy's Cafe'와 'The Spice' 레스토랑을 책임지고 있다. 앞으로 자신의 이름을 내건 레스토랑을 점차 늘려 국내외 식문화 발전에 힘쓰려는 것이 쉐프로서의 그의 목표이다.

일러두기

- 이 책의 모든 메뉴는 2인분 기준입니다.
- 1컵은 200cc, 1큰술은 15cc, 1작은술은 5cc를 기준으로 합니다.
- 모든 요리에는 기본적으로 올리브오일이 사용되며 포도씨오일이나 다른 오일을 사용해도 무방합니다. 올리브오일의 필요한 분량이나 순서는 레시피 순서에 소개했으며, 재료 소개란에는 특별히 기재하지 않았습니다.
- 모든 요리에는 기본적으로 소금, 후춧가루 간이 들어갑니다. 재료 소개란에는 특별히 기재하지 않았습니다.
- 샬롯은 양파로 대체 가능합니다. (샬롯shallot : 양파의 한 종류 육류요리의 소스를 만들 때 맛과 향을 내기 위해 쓰입니다.)
- 레시피의 버터는 가능한 정제 버터를 사용합니다. (정제 버터 만들기 : 팬에 물을 부어 끓으면 믹싱볼을 올리고 블록버터를 부어 중탕을 합니다. 이 과정에서 유지와 단백질이 천천히 분리되는데, 그 기름만을 떠낸 것이 정제 버터입니다).
- 생선류, 육류, 갑각류 구이를 할 때는 육즙을 보존하기 위해 절대 두 번 이상 뒤집지 않습니다.
- 완성된 수프를 그릇에 담을 때는 가급적 스푼을 사용하지 않습니다. 체를 이용해 볼에 내리면 더 깔끔한 맛을 낼 수 있습니다.
- 책의 모든 메뉴는 2008년에 제작, 2009년부터 아리랑 TV 및 기타 케이블 TV, IPTV에서 방영된 〈Edward's Live Kitchen〉 내용을 바탕으로 구성된 것입니다. 모든 메뉴는 에드워드권이 직접 〈Edward's Live Kitchen〉을 위해 개발한 메뉴이며 이 프로그램은 현재 말레이시아, 부르나이, 싱가포르, 홍콩, 타이완, 인도네시아 등 동남아 8개국에 수출되었습니다.

에드워드권's Kitchen

contents

에드워드권이 사용하는 용어들 008
에드워드권이 즐겨 사용하는 허브들 010
에드워드권이 즐겨 사용하는 소스 및 향신료 012
에드워드권이 즐겨 사용하는 오일 및 식초 014

Chapter 1 Spring

아스파라거스 018
Recipe 01 구운 아스파라거스와 새송이버섯 022
Recipe 02 아몬드가 어우러진 대구구이와 아스파라거스 퓌레 024

비트 026
Recipe 03 베이컨드레싱과 어우러진 비트피클 030
Recipe 04 산양치즈가 들어간 비트 라비올리 032

양파 034
Recipe 05 파르메산 치즈가 어우러진 양파 리조토 038
Recipe 06 베이컨 크림과 어우러진 양파 토르텔리니 040

돌나물 042
Recipe 07 향긋한 귤과 어우러진 돌나물 샐러드 046
Recipe 08 돌나물볶음을 곁들인 고소한 광어요리 048

완두콩 050
Recipe 09 완두콩 크림수프와 가지 캐비아 054
Recipe 10 완두콩 퓌레를 곁들인 농어구이 056

프랑스 음식에 관한 짧은 지식 | **프랑스 치즈에 관하여** 058

Chapter 2 Summer

수박 062

Recipe 11 녹차에 익힌 문어와 구운 수박 066

Recipe 12 얇게 저민 수박 샐러드와 호두 사과 살사 드레싱 068

토마토 070

Recipe 13 매콤한 토마토수프와 어우러진 구운 피망과 산양치즈 074

Recipe 14 토마토 콤비네이션 076

멜론 078

Recipe 15 바닷가재&달콤한 초콜릿소스 멜론 082

Recipe 16 사천고추 푸아그라 084

옥수수 086

Recipe 17 옥수수 벨루테를 곁들인 신선한 해물 090

Recipe 18 옥수수 퓌레&그릴에 구운 대하 092

양상추 094

Recipe 19 바질향이 은은한 클램 차우더와 감자 퓌레 098

Recipe 20 구운 메로와 살짝 익힌 양상추&커리 오일 크루통 100

포도 102

Recipe 21 거위간을 곁들인 포도 처트니 106

Recipe 22 구운 오리가슴살&포도 샐러드 108

가지 110

Recipe 23 오븐에 구운 가지와 라타투이 114

Recipe 24 팬에 구운 양고기 바바가노쉬와 바삭한 코리앤더 116

피망 118

Recipe 25 구운 대하와 피망 피퍼라드 122

Recipe 26 구운 참치와 피망 쿨리 124

프랑스 음식에 관한 짧은 지식 II **아페리티프(식전주)에 관하여** 126

Chapter 3 Autumn

배추 130

Recipe 27 관자와 어우러진 캐비아와 배추 134

Recipe 28 땅콩 퓌레와 어우러진 아귀와 양배추 136

대파 138

Recipe 29 팬에 구운 연어와 대파 크림 142

Recipe 30 대파 콤비네이션과 어우러진 산양치즈 144

무 146

Recipe 31 구운 농어와 무 퓌레, 국산 된장 국물과 에다마메 150

Recipe 32 천천히 익힌 무와 사과 된장 퓌레, 된장 블루치즈 퓌레 152

버섯 154

Recipe 33 버섯 수프와 코코넛에 졸인 사과 158

Recipe 34 너트매그를 곁들인 감자와 버섯 파베 160

프랑스 음식에 관한 짧은 지식 Ⅲ **프랑스 식사 매너에 관한 지식** 162

Chapter 4 Winter&Anytime

콜리플라워 166

Recipe 35 팬에 구운 가리비와 콜리플라워 퓌레 170

Recipe 36 사프란소스로 구운 홍합과 커리향 가득한 콜리플라워 수프 172

당근 174

Recipe 37 싱싱한 대하와 배 거품을 얹은 당근 178

Recipe 38 계피에 졸인 당근과 어우러진 생강 크림수프 180

호박 182

Recipe 39 호박으로 속을 채운 닭고기와 초콜릿소스 186

Recipe 40 샬롯 피클과 어우러진 호박 크림 수프 188

사과 190

Recipe 41 푸아그라와 달팽이가 어우러진 사과 194

Recipe 42 사과 치킨 소시지 196

오렌지 198

Recipe 43 구운 한라봉&호두 쉐리 비네그레트 202

Recipe 44 구운 딱새우&오렌지크림 204

시금치 206

Recipe 45 머스터드를 얹은 시금치 나폴레온 210

Recipe 46 검은 후추 거품을 올린 시금치 렌틸 수프 212

감자 214

Recipe 47 마늘 퓌레가 어우러진 감자 수프와 비트에 절인 연어 218

Recipe 48 팬에 구운 연어와 감자 리조토 220

망고스틴 222

Recipe 49 코코넛 거품소스를 곁들인 연어 콩피와 망고스틴 226

Recipe 50 구운 정어리와 망고스틴, 토마토 비네그레트 228

엔다이브 230

Recipe 51 버터에 익힌 엔다이브와 튀긴 브리치즈 234

Recipe 52 구운 관자와 타임 비네그레트가 어우러진 엔다이브 236

프랑스 음식에 관한 짧은 지식 Ⅳ **프랑스 디저트에 관한 지식** 238

에드워드권이 즐겨 사용하는 용어들

이 책에 나오는 레시피에 가장 많이 쓰인, 이 책에 나오는 레시피를 정확히 따라하기 위해서 꼭 알아야 할 용어들을 소개합니다.

조리법 용어

글레이징(glazing) : 과자 등의 요리를 할 때 시럽, 젤라틴 등으로 표면을 덧입히는 것

데글레이징(deglazing) : 고기를 굽거나 볶을 때 바닥에 눌어붙어 있는 부스러기를 와인, 물, 크림 등을 넣고 녹여 소스를 만드는 것

세그먼트(segment) : 요리에 장식효과를 낼 수 있게 과일의 껍질을 벗겨낸 후 적당히 조각내는 것

토스(tos or toss) : 식품재료들을 힘을 가하지 않고 여러 번 뒤집어 가볍게 섞는 것

휴지(休止) : 육류나 생선 등을 굽거나 튀긴 후 잠시 식혀 두는 것

처트니(chutney) : 익히거나 절인 과일이나 채소에 설탕, 향신료를 넣고 끓여 만든 것

파베(pavé) : 빈 공간 없이 촘촘히 채운다는 프랑스어로 사각형으로 만들어지는 요리의 기법 및 명칭이다.

콩피(confit) : 고기를 기름에 재워 낮은 온도에서 오랫동안 익히는 방법

브뤼누아즈(brunoise) : 채소를 자르는 방법의 일종으로 네모반듯하게 1/8인치(0.3센티미터) 정도의 작은 주사위 모양으로 잘게 자르는 것

스터핑(stuffing) : 요리 재료의 내부에 다른 재료를 넣는 것을 말하며 소시지나 햄도 이를 이용한 제품

요리 용어

퓌레(purée) : 과일이나 채소류를 푹 무를 때까지 끓인 후 체에 내린 것으로 수프와는 다르다. 주재료와 액체가 만났을 때 그 액체의 농도가 질퍽질퍽 짙어지는 것으로 퓌레를 만들 때는 천천히 뭉근하게 만든 뒤 믹서에 간다. 퓌레와 수프의 차이점을 쉽게 설경하자면 퓌레는 한국식 죽, 수프는 이보다 좀 더 맑은 죽 같은 것이다.

토마토 콩카세(concassé) : 껍질 벗긴 토마토를 씨를 없애그 잘게 써는 것을 말한다. 토마토 껍질을 벗길 때는 십자로 칼집을 내서 뜨거운 물에 살짝 데친 다음 찬물에 담그면 껍질이 잘 벗겨진다.

벨루테(velouté) : 수프의 일종으로 크림 대신 우유를 사용허 담백한 맛을 가진다.

팬세타(pancetta) : 돼지 옆구리 살을 돌돌 말아서 소금에 절인 것

크루통(crouton) : 수프에 띄우거나 샐러드를 장식하기 위해 기름에 튀기거나 구운 작은 정사각형 모양의 빵조각. 식빵을 잘라서 올리브오일을 두른 팬에 넣고 다진 마늘, 소금, 후춧가루로 양념한 후 이를 팬에 얇게 펴서 오븐 165도 에서 4분 정도 토스하면서 구우면 크루통이 완성된다.

바바가노쉬(baba ghanoush) : 가지와 레몬, 올리브오일 등을 넣고 걸쭉하게 끓인 중동 요리. 빵에 발라 먹으면 그 맛을 더한다.

에드워드권이 즐겨 사용하는 허브들

에드워드권의 레시피에는 허브들이 많이 나옵니다. 주로 요리에 향을 돋우기 위해 사용되거나 장식용으로 사용되죠. 이 책에 나오는 레시피에 가장 많이 쓰인 허브들을 정리해 보았습니다.

바질(basil) : 특유의 향을 지니고 있다. 잎과 줄기를 말려 요리의 향신료로 주로 쓰인다.

비트(beet) : 비타민 A와 C, 철분이 풍부한 채소로 주로 샐러드를 만드는 데 쓰인다. 잎은 쌈을 싸 먹거나 갈아서 마시는 데 사용한다.

월계수잎 : 지중해 연안에서 주로 자라는 월계수잎. 고기의 냄새를 없애는 데 큰 효과가 있다. 이 외에도 스튜, 수프, 소스 등에 다양하게 사용된다. 이 책의 레시피에서는 주로 장식용으로 1장 정도 사용한다.

타임(thyme) : 입 안을 얼얼하게 하는 쓴맛과 레몬 맛을 동시에 지닌다. 육류, 생선, 닭 등의 요리에 주로 사용되어 풍부한 맛을 낸다.

레몬그라스(lemon grass) : 허브의 일종으로 줄기처럼 생겼으며 레몬과 같은 새콤하면서도 산뜻한 향이 난다. 주로 닭, 조개, 생선요리 등에 향을 더하기 위해 사용한다. 줄기가 너무 억세지 않는 것을 고르도록 한다. 기름을 채취해 미용재료로도 많이 사용된다.

그린비타민(green vitamin) : 시금치처럼 생긴 잎채소로 각종 비타민이 풍부하다. 혈액순환 및 위를 튼튼하게 하는 효과가 있고 맛이 깔끔해 어느 요리와도 잘 어울리지만 주로 샐러드용으로 많이 쓰인다.

처빌(chervil) : 유럽과 서아시아가 원산지인 허브 종류. 파슬리와 비슷하며 샐러드나 수프, 소스 등에 많이 사용한다. 생선요리에 넣으면 비린 맛을 없애 준다. 다른 주재료의 맛을 거의 해치지 않는 것이 특징이다.

딜(dill) : 매콤한 향기와 톡 쏘는 매운 맛을 가진 향신료. 다양한 요리에 향과 색을 더하기 위해 사용되는데, 특히 해산물 종류에 많이 사용된다.

차이브(chive) : 고기, 생선, 조개, 수프 등 각종 요리의 향신료로 사용되는 서양식 부추. 톡 쏘는 향긋한 냄새가 식욕을 증진시키는 효과가 있다. 우리나라 실파와 비슷하다.

타라곤(tarragon) : 프랑스 요리의 자존심이라 불릴 정도로 프랑스인이 좋아하는 허브. 쑥의 일종으로 주로 샐러드 향신료로 사용되는데 향이 독특해 생선요리의 비린 맛을 한 번에 날려주는 역할도 한다. 온화한 향기가 난다.

샤프란(saffron) : 1g을 얻으려면 500개의 암술을 일일이 손으로 따야 하는 귀한 식재료. 꽃 한 잎사귀에 세 가지 순이 나는데 그 순을 일일이 사람이 뜯는다. 주로 그급요리의 향신료로 사용된다. 피부 미용에 상당히 좋고 그윽한 맛이 특징이다. 진정효과가 있어 우울증 치료에도 사용된다.

로메인상추(romaine lettuce) : 로마인이 즐겨 먹던 상추의 한 종류. 미네랄 성분이 풍부하여 잇몸을 튼튼하게 하는 효과가 있고 샐러드나 쌈채소로 주로 이용된다.

스타 아니스(star anise) : 달콤한 향미가 특징이며 약간의 쓴맛과 떫은맛이 나는 별 모양의 적갈색 과실. 신종플루 예방약인 타미플루의 주성분으로 주목받고 있다.

클로브(cloves) : 정향나무의 꽃봉오리를 따서 말린 향신료

물냉이(watercress) : 다이어트에 좋고 철분, 비타민이 풍부하여 혈액을 맑게 해 주는 효과가 있다. 샐러드나 육류요리의 장식용으로 주로 이용한다.

로즈마리(rosemary) : 강한 향기를 가지고 있어 방향제 및 향신료로 사용되며 특히 육류 요리에 첨가하여 고기 냄새를 없애는데 사용한다.

터메릭(turmeric) : 인도 최고의 스파이스로 생강과에 속하고 '인이안 샤프란'이라고도 불린다. 주로 향신료, 염색료로 많이 쓰이는데 인도에선 '부엌의 여왕'으로도 불린다. 물 한 컵에 터메릭 1큰술을 타먹으면 치매예방 등 건강에 좋다.

코리앤더(coriander seed) : 고수식물의 씨로 강한 향이 있기 때문에 생선, 육류요리에 사용하면 좋고 소화를 돕는 작용을 한다.

에드워드권이 즐겨 사용하는 소스 및 향신료

우리나라 음식을 만들기 위해 고추장, 된장을 알아야 하듯, 프랑스 요리를 하기 위해서는 그에 필요한 소스 및 향신료를 알아야 하죠. 그래서 정리해 보았습니다.

코코넛 밀크(cocont milk) : 코코넛의 과육을 물과 함께 갈아 거른 것으로 마트의 수입재료 코너나 외국식 재료 전문점에서 통조림으로 구입할 수 있다.

스위트 앤 사우어 소스(sweet and sour sauce) : 새콤달콤한 맛이 나는 미국식 간장으로 기름기가 많은 음식에 사용한다. 특히 파스타나 육류요리에 사용하면 좋다.

초콜릿드레싱(cholate dressing) : 초콜릿과 호두기름을 섞어 만든 드레싱으로 해산물 요리에 잘 어울린다.

호이신소스(hoisin sauce) : 간장과 콩을 주재료로 만든 걸쭉한 갈색소스로 단맛을 가지며 해산물 요리 등에 많이 쓰인다.

타히나(tahina) : 참깨 페이스트로 아랍어로 '타히나'라고 하며 중동 요리의 기본이 되는 소스이다. 향긋하고 고소한 맛이 강해 담백한 생선이나 고기에 곁들여 먹는다.

메이플시럽(maple syrup) : 단풍나무의 수액을 끓여 당도를 높여 만든 시럽으로 팬케이크나 와플 등의 토핑으로 사용된다.

시치미(shichimi) : 일곱 가지 양념을 빻아서 섞은 향신료. 무침 및 볶음요리에 주로 사용한다.

피클링 스파이스(pickling spice) : 피클을 만들기 위한 월계수잎, 정향, 통후추, 마른 고추 등이 들어 있는 일종의 향신료다.

비네그레트(vinaigrette) : 오일, 소금, 후춧가루, 허브, 식초를 섞은 드레싱.

브라운스톡(brown stock) : 고기의 뼈를 잘라서 강한 불에 기름을 넣고 볶다가 여러 가지 채소와 함께 끓이면 갈색의 고기국물이 나오는데 이를 체에 거른 육수를 말한다.

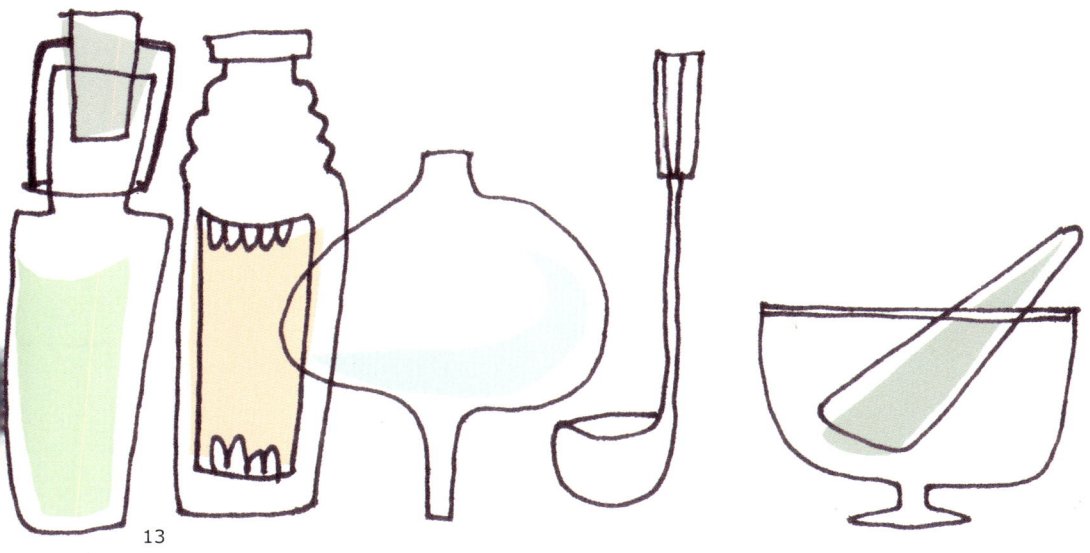

에드워드 권이 즐겨 사용하는 오일 및 식초

요리를 특별하게 만드는 비법은 오일과 식초에도 있습니다.
샐러드에 활용하기 좋고 메인요리의 소스로도 쓰이는 오일과 식초 정보를 소개합니다.

발사믹식초(balsamic vinegar) : 청포도즙을 졸인 다음 나무로 된 통 속에서 발효시켜 만든 이탈리아의 전통 식초로 샐러드의 드레싱에 주로 쓰인다. 졸인 발사믹식초는 졸여지는 정도에 따라 신맛을 내는 산의 강도가 약해진다. 많이 졸일수록 신맛이 약해지고 단맛이 강해지는 것. 취향에 따라 졸여서 미리 시럽화해 두면 편리하다.

쉐리와인식초(sherry vinegar) : 스페인 남부지방인 안달루시아의 전통 있고 유명한 쉐리 와인을 원료로 만들었다. 삼림 특유의 향이 나며 산뜻한 맛이 강하고 깔끔해 생선요리에 잘 쓰인다. 신선한 야채에 드레싱으로 주로 사용된다.

바질오일(basil oil) : 바질과 올리브오일을 믹서에 갈아 만든 오일

레몬오일(lemon oil) : 올리브오일과 레몬, 향신 채소를 섞은 오일

포트와인(port wine) : 강화 와인 중의 하나로 알코올도수가 19~22%에 이르며 강한 맛과 향이 특징이다.

Chapter 1

Spring

Asparagus 아스파라거스

Edward Kwon say

"아스파라거스는 조리 시간에 따라 다른 맛을 나타냅니다.
씹히는 맛의 차이도 상당히 크고요.
지금부터 만들 두 개의 레시피를 통해 아스파라거스가 가진
다양한 향의 요리를 만날 수 있을 겁니다."

언제가 맛있나?
아스파라거스는 봄이 되면 붓끝 모양의 굵은 순이 나온다.
특히 제철인 4월에는 사각사각 씹히는 맛이 일품인 싱싱한 아스파라거스를 즐길 수 있다.

영양에 관하여
아스파라거스 종류는 300여 종에 이르며 크게 그린 아스파라거스와 화이트 아스파라거스로 나뉜다. 두 종류 모두 단백질과 각종 비타민이 풍부하고 아스파라긴산이 들어 있어 신진대사 및 피로회복에 효과적이다. 다른 점이라면 그린 아스파라거스에는 단백질, 카로틴, 비타민 B_2가 더 많이 들어 있고 화이트 아스파라거스에는 아스파라긴산이 더 많이 함유하고 있다는 것. 요리에는 주로 그린 아스파라거스를 사용한다.

잘 고르기
색깔이 선명하고 이삭 끝이 단단하며 줄기가 힘이 있고 윤기가 있는 것이 싱싱하다.
길이는 20~25cm 정도가 적당하고 생장점 순 끝이 벌어지지 않은 것이 좋다.
선명한 녹색에 물기가 돌고 봉오리의 향내가 진할수록 신선하다.

잘 보관하기
마르지 않도록 랩에 싸거나 지퍼백에 담아 냉장고 채소 칸에 보관한다. 장기간 보관할 때는 데친 뒤 랩에 싸서 냉동실에 보관한다. 컵이나 플라스틱 통에 물을 담아 식물처럼 꽂아 두어 냉장 보관해도 좋다. 하루에 한 번씩 물을 갈아 주면 일주일 넘게 보관이 가능하다.

잘 손질하기
아스파라거스의 가장 맛있는 부분은 끝과 봉오리이다. 따라서 아래쪽 반 정도만 껍질을 벗기고 밑동에서 1~2센티미터는 잘라내고 껍질을 벗긴다. 굵은 줄기는 소금물에 살짝 데치거나 볶아서 사용하고 가는 줄기는 생으로 먹어도 좋다.
오래될수록 딱딱해지고 맛이 떨어지므로 먹을 만큼만 사서 가급적 빨리 조리해 먹는다.

구운 아스파라거스와 새송이버섯

아몬드가 어우러진 대구구이와 아스파라거스 퓌레

Recipe 1
구운 아스파라거스와 새송이버섯
Cooked asparagus with king-trumpet mushrooms

세계 3대 진미 중 하나인 캐비아가 아삭한 식감이 매력적인 아스파라거스를 만났다.
거기에 송이버섯과 차이브크림이 자연의 향과 맛을 고스란히 올린 레시피!

주재료
아스파라거스 4개 | 새송이버섯 3개 | 타라곤 약간

차이브 크림소스 재료
차이브(실파) 1큰술 | 샬롯 1/2개 | 생크림 700밀리리터

장식용 재료
캐비아 1큰술 | 새 순(장식용) 약간

양념 재료
버터 1큰술 | 배추즙 약간 | 스위트 소이소스 1큰술

아스파라거스와 새송이버섯 볶기

1. 필러를 이용해 아스파라거스의 껍질을 벗긴다. 달군 팬에 올리브오일 1큰술을 두른 후 손질한 아스파라거스를 넣고 소금, 후춧가루 간을 해 살짝 볶는다.

2. 끝 부분을 잘라 손질한 새송이버섯을 이등분해 자른 다음 올리브오일 2큰술을 두른 팬에 굽는다. 새송이버섯이 노릇해질 무렵 소금, 후춧가루 간을 살짝 하고 버터 1큰술과 타라곤 잎사귀를 넣는다.

Say! 새송이버섯은 누르스름해지면 뒤집어 반 정도만 익을 만큼 구우세요.

차이브 크림소스 만들기

3. 샬롯은 잘게 다져 올리브오일을 두른 팬에 볶은 후 크림을 붓는다. 생크림이 끓으면 소금, 후춧가루 간을 한 후 다진 차이브를 넣고 졸여 차이브 크림소스를 만든다.

Say! 샬롯은 잘게 다지지 않으면 차이브의 씹히는 맛과 어우러졌을 때 그다지 좋지 않아요. 크게 영향이 있는 것은 아니지만 씹히자마자 사라진다는 느낌이 있어야 하거든요.

접시에 담기

4. 아스파라거스와 구운 새송이 버섯을 자연스럽게 접시에 올린 후 3의 차이브 크림소스를 뿌린다. 그 위에 캐비아를 올리고 새순을 이용해 장식한다.

프랑스 요리의 식재료 소개

샬롯(shallot)은 양파의 한 종류로 육류요리 소스를 만들 때 맛과 향을 내기 위해 사용해요. 양파로 대체 가능합니다.

차이브(chive)는 고기요리, 생선요리, 조개, 수프 등 각종 요리의 향신료로 사용되는 서양식 실파로 톡 쏘는 향긋한 냄새가 식욕을 증진시키는 효과가 있어요. 국내의 실파와 비슷해요.

타라곤(tarragon)은 프랑스 요리의 자존심이라 불릴 정도로 프랑스인이 좋아하는 허브예요. 쑥의 일종으로 주로 샐러드의 향신료로 사용되는데 향이 독특해 생선요리의 비린 맛을 한번에 날려주는 역할도 합니다.

새송이 버섯은 비타민C와 필수 아미노산이 풍부하며 특히 대장암세포의 증식을 억제하는데 뛰어납니다.

캐비아는 철갑상어알을 소금에 절인 식재료예요. 각종 영양성분이 풍부하여 질병을 예방하고 노화방지에도 효과가 탁월합니다. 미식가들이 세상에서 가장 섹시한 음식이라고 일컬을 만큼 그야말로 완벽에 가까운 음식이지요.

Recipe 2
아몬드가 어우러진 대구구이와 아스파라거스 퓌레
COOKED BLACK COD WITH ALMONDS, ASPARAGUS PUREE

아스파라거스 퓌레 위에서 헤엄치는 싱싱한 은대구와 고소한 아몬드와
재료 본연의 맛을 그대로 느낄 수 있는 아스파라거스 샐러드까지!
아스파라거스를 재료로 최고로 값지고 신선한 재료들이 선보이는
고급스런 맛을 느낄 수 있습니다.

주재료
은대구 180그램 | 다진 아몬드 3큰술

버섯소스 재료
표고버섯 3개 | 표고버섯 우려낸 국물 200그램 | 버터 1/2큰술
다진 샬롯 1큰술 | 다진 마늘 1쪽 | 브라운스톡 100그램

아스파라거스 퓌레 재료
아스파라거스 3개 | 샬롯 1 1/2개 | 버터 1큰술 | 생크림 100그램 | 물 100그램

장식용 재료
타임 | 레몬오일

표고버섯 우려내기 & 은대구 굽기

1. 표고버섯을 1컵 정도의 물에 24시간 동안 우려내어 국물을 만들어 둔다.

2. 은대구에 다진 아몬드를 입힌 후 올리브오일 2큰술을 두른 팬에 올려 소금, 후춧가루 간을 해 굽는다.
Say! 아몬드나 땅콩 종류를 생선이나 육류에 묻혀서 조리할 때는 견과류가 쉽게 타기 때문에 약한 불에서 천천히 조리하세요.

아스파라거스 퓌레 만들기

3. 필러로 아스파라거스 껍질을 벗긴다. 껍질은 버리지 않고 퓌레에 활용한다. 손질한 아스파라거스는 2~3센티미터 정도로 듬성듬성 썰고 샬롯은 채썬다.

4. 달궈진 팬에 버터 1큰술을 넣어 녹인 후 3의 샬롯과 아스파라거스를 볶는다. 샬롯과 아스파라거스가 어느 정도 익으면 생크림과 물을 살짝 부어 약한 불에 뭉근하게 끓인다. 뭉근해지면 3에서 손질하고 남은 아스파라거스 껍질을 넣고 더 끓이다가 믹서에 갈아 아스파라거스 퓌레를 만든다.
Say! 아스파라거스 껍질이 색을 파랗게 만들어 주는 역할도 하니까 버리지 마세요.

버섯 소스 만들기

5. 올리브오일 1큰술과 버터 1/2큰술을 두른 팬에 다진 샬롯과 다진 마늘, 대강 썬 표고버섯을 함께 볶은 후 표고버섯 우려낸 국물을 부어 졸인다. 졸인 국물에 브라운스톡, 소금, 후춧가루를 넣어 조금 더 졸여 버섯소스를 만든다.

접시에 담기

6. 접시 위에 은대구를 올린 뒤 아스파라거스 퓌레와 버섯소스를 스푼을 사용해 두른다. 타임 잎사귀를 올린 후 레몬오일, 후춧가루를 살짝 뿌린다.

회나 구이로 좋은 은대구살
은대구살은 아주 연하면서 지방이 많아요. 다른 생선에 비해 살도 탄탄하고 씹히는 촉감도 상당히 좋지요. 지질과 지용성 비타민을 많이 함유하고 있어 부드러우면서도 고소한 맛으로 회나 구이로 많이 사용됩니다.

견과류의 특징
뇌세포의 발달을 촉진해 성장기 아이들의 건강식으로 안성맞춤이지요. 성인병 예방 및 피부미용, 뼈 건강에 특히 좋습니다.

브라운스톡
고기의 뼈를 잘라서 강한 불에 기름을 넣고 볶다가 여러 가지 채소와 함께 끓인 갈색의 고기국물을 체에 거른 육수예요.

Beet 비트

Edward Kwon say

"뿌리채소의 보석, 비트는 한국말로 사탕무죠. 혈액순환에 상당히 좋은데요. 자줏빛의 아름다운 색상이 보기에도 아주 좋아요. 어떤 맛이 날까요? 드셔본 분들은 알겠지만 비트의 맛은 살짝 새콤하면서도 단맛이 혀끝으로 남아서 돌아오는, 입안 가득 맛이 퍼지는 기분 좋은 채소입니다. 이 비트가 또 웃긴 것이 뿌리채소인데도 불구하고 익는 시간이 상당히 오래 걸린다는 거예요. 130도 정도의 열에서 구울 경우 한 시간 이상이 걸릴 정도죠. 비트 자체가 가진 텍스쳐, 안에 있는 밀도 자체가 상당히 높아서 열의 침투가 느리지 않나 싶어요. 그래서 비트를 익힐 때는 잘 익도록 육각형 모양으로 잘라 주고요. 그 후에 칼을 사용해 요리를 해 주세요. 비트 하면 흔히 빨간색이라고 생각하는데 편견을 버리세요. 빨간색과 노란색, 요즘에는 주황색도 간혹 만나볼 수 있고요. 비트를 삶거나 구워서 샐러드 만들 때는 로즈마리식초나 쉐리식초를 쓰시고요. 없으면 그냥 집에 있는 사과식초를 써도 크게 문제는 없습니다.
생선요리를 먹을 때는 비트로 만든 피클과 함께 드셔 보세요. 특히 연어구이에 비트피클이나 버섯피클을 같이 먹으면 상당히 잘 어울립니다."

언제가 맛있나?
채소용 비트는 붉은 채소의 대명사로 다육질의 굵은 원뿌리를 쓰기 위해 재배한다. 맑은 선홍색을 띠고 이러한 천연색소 때문에 고급 요리에 많이 쓰인다. 원산지는 아프리카 북부와 유럽 지역으로 알려져 있으며 지금도 동양보다는 구미 지역에서 많이 이용되고 있다. 3월부터 5월까지가 제철이다.

영양에 관하여
각종 영양소가 풍부하고 특히 적혈구 생성과 혈액정화가 뛰어나 빈혈 및 혈관 질환에 좋다. 국제심장협회에서는 비트즙이 급성 고혈압을 낮추고 혈관을 보호하며 혈전을 막아준다는 결과를 발표하기도 했다. 당분 함량이 많고 무기질이 많이 함유되어 있어 중세 시대에는 혈액과 소화 관련 질환에 쓰였다고 한다. 또한 비트는 베타인이라는 성분이 매우 풍부해 간을 정화하는 데에도 탁월한 효과가 있다.

잘 고르기
뿌리는 매끄럽고 단단하며 흠집이 없어야 한다. 중간 크기의 것이 가장 부드럽다.

알아 두면 좋은 활용법
절단하면 모양이 좋기 때문에 샐러드의 장식용으로 많이 쓰인다.
녹즙을 내거나 생으로 채썰어 샐러드에 넣어 먹는다.
삶으면 더 달콤하고 구수해진다. 껍질째 깨끗이 씻어 비트가 충분히 잠길 정도의 물에 붓고 소금을 약간 넣어 1시간 동안 푹 삶으면 된다.
삶은 비트를 블랜더에 갈아 고운 체에 밭치면 짙은 자줏빛 비트즙이 만들어진다.
색이 워낙에 빨갛기 때문에 다른 재료와 함께 담가 놓으면 자연스럽기 분홍색 혹은 빨간색으로 물들일 수 있다.

베이컨드레싱과 어우러진 비트피클

산양치즈가 들어간 비트 라비올리

Recipe 3
베이컨드레싱과 어우러진 비트피클
Pickled beet with bacon dressing

신선한 채소 위에 살짝 올려 잘 구운 연어와 상큼한 비트피클.
그리고 드라마틱한 맛을 더해주는 베이컨 드레싱의 기막힌 조화!

주재료
비트 150~200그램

피클 주스 재료
설탕 50그램 | 식초 100밀리리터 | 물 100밀리리터

부재료
타임 약간 | 시금치 30그램 | 배 1/2개 | 치커리 10~20그램

베이컨드레싱 재료
샬롯 1/2개 | 헤이즐넛오일 50밀리리터 | 다진 베이컨 2큰술 | 타임 약간

비트 굽기

1. 비트는 껍질을 벗겨서 육각형 모양으로 자른 후 돌려 주며 도톰하게 자른다.

Say! 비트를 사용할 때는 도마를 자주 씻어야 해요. 그렇지 않으면 흰 도마가 빨갛게 물들 염려가 있기 때문이죠. 마치 김치처럼요!

2. 자른 비트에 올리브 오일을 바르고 소금, 후춧가루 간을 한 뒤 타임과 함께 버무린 후 160~165도의 오븐에서 40분간 굽는다.

Say! 비트가 오븐에서 다 구워지면 비트 안쪽은 아삭아삭하고 바깥쪽은 뭉글뭉글할 정도가 되지요.

피클 주스&비트 피클 만들기

3. 설탕와 식초를 섞어 끓여 피클링 스파이스를 만든다.

4. 물과 피클링 스파이스를 넣어 피클 주스를 만든다.

Say! 피클 만드는 설탕 : 식초 : 물의 비율은 1 : 2 : 2예요.

5. 구운 비트에 완성된 피클 주스를 붓고 밀봉해 실온에서 3일간 보관하면 비트피클이 만들어진다.

베이컨드레싱 만들기

6. 헤이즐럿오일을 두른 팬에 잘게 다진 샬롯을 살짝 튀긴 느낌이 들 정도로 볶는다. 튀긴 샬롯에 다진 베이컨을 넣어 함께 볶다가 타임을 넣어 베이컨드레싱을 만든다.

Say! 베이컨드레싱에 식초를 넣지 않는 이유는 비트피클 자체에 신맛이 강하기 때문이에요. 드레싱까지 시큼하게 되면 신맛이 너무 강하죠.

접시에 담기

7. 다듬은 시금치와 치커리는 올리브오일 약간과 소금, 후춧가루로 버무린다. 배는 껍질째 듬성듬성 2~3센티미터 크기로 자른다.

Says! 시금치와 치커리가 어우러져 쓴맛이 나기 때문에 단맛이 나는 배를 넣으면 맛이 중화 되지요.

8. 버무린 시금치와 치커리, 배, 비트피클을 올리고 베이컨드레싱을 뿌린다.

> 피클링 스파이스(pickling spice)
> 피클을 만들 때 맛이 좋게 하는 허브를 모아둔 것을 말해요. 이 레시피에서는 설탕과 식초를 1:2의 비율로 섞어 끓여 만들었죠.

Recipe 4
산양치즈가 들어간 비트 라비올리
BEET RAVIOLI WITH GOAT'S MILK CHEESE

목장의 신선함을 그대로 담은 산양치즈와 얇게 저민 비트가
피스타치오 크림과 사랑에 빠졌다?
비트를 이용해 이탈리아 대표적인 파스타 라비올리를 만들어봅니다.

라비올리 재료
비트 50~100그램 | 산양치즈 50~60그램

피스타치오 크림 재료
올리브오일 1큰술 | 피스타치오 1큰술 | 생크림 100밀리리터

장식용 재료
졸인 발사믹식초 | 올리브오일 | 새순 | 민트

피스타치오 크림 만들기
1. 올리브오일을 둘러 달군 팬에 피스타치오를 볶다 생크림을 붓고 졸여 피스타치오 크림을 만든다.

라비올리 만들기
2. 비트는 칼로 껍질을 벗긴 후 얇게 저며 썬다.

3. 접시에 저민 비트를 깔고 그 위에 작게 자른 산양치즈를 올린 후 다시 저민 비트를 덮어 라비올리를 만든다. 손으로 살짝 눌러 모양을 잡는다.

접시에 담기
4. 비트 사이에 민트잎을 올린 뒤 접시 전체에 졸인 발사믹식초- 올리브오일을 뿌리고 새순으로 장식한다. 피스타치오 크림을 둘러 마무리한다.

Says! 비트와 산양치즈는 찰떡궁합이에요. 어떤 요리를 하든 비트와 산양치즈를 함께 먹으면 실패할 일이 없죠.

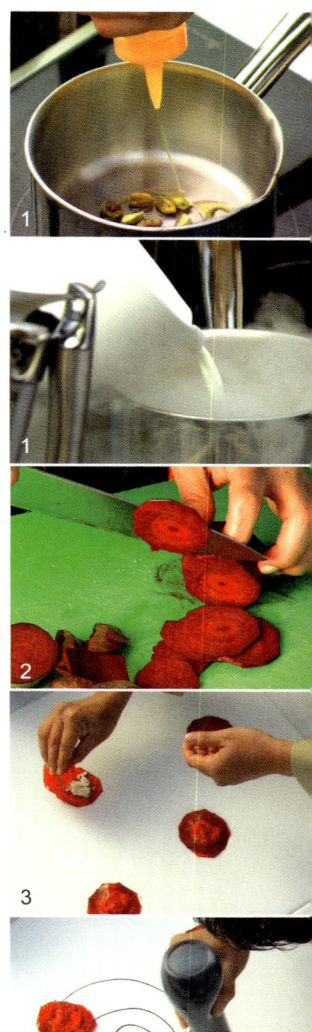

라비올리(ravioli)
이탈리아 대표적인 파스타로 밀가루에 달걀, 기름, 소금물을 섞어 반죽해 도우를 만든 다음 그 안에 스터핑(stuffing)을 넣은 것이에요. 이탈리아식 만두라고 볼 수 있죠. 스터핑이란 요리 재료의 내부에 다른 재료를 넣는 것을 말하는데 소시지나 햄 등도 이를 이용한 제품이라 볼 수 있어요.

산양치즈(goat's milk cheese)
산양의 젖으로 만든 치즈예요. 칼슘과 비타민이 풍부하고 우리 몸 안에서도 흡수율이 뛰어나요. 특히 여성의 피부 미용에 좋지요.

피스타치오(pistachios)
땅콩처럼 생긴 서양 견과류예요. 칼륨과 인이 풍부하며 특히 베타카로틴 성분이 들어 있어 눈을 보호하고 피부 건강에 좋아요.

Onion 양파

Edward Kwon say

"양파를 벗길 때면 항상 눈물을 흘리죠? 이때 눈물을 멈추게 할 방법을 하나 알려 드리지요. 양파를 물이나 차가운 얼음물에 담가 두는 거예요. 그러면 양파의 휘발성 체류물질이 물 속에 흡수되기 때문에 훨씬 껍질을 벗기기가 쉬워져요.

매콤하면서도 달콤한 매력을 가진 양파! 저는 이 양파를 이용해 리조토와 양파 토르텔리니를 만들어 양파 하나로 이국적인 맛을 느낄 수 있다는 걸 보여드리겠습니다."

언제가 맛있나?
봄의 햇양파는 어떤 채소보다 요리에 많이 쓰이는 재료로 매운맛이 덜해 생으로도 먹기 좋다. 가장 맛있는 시기는 5~6월이다.

영양에 관하여
기원전 천년경, 고대 이집트의 피라미드 건축에 동원된 노예들에게 매일 양파를 먹였다는 기록이 있다. 그만큼 양파는 피로 회복에 좋다는 것을 말해준다. 또한 『동의보감』에는 '양파는 오장의 기를 이롭게 해 준다'고 나와 있다. 하루 반 개씩 매일 먹으면 각종 암을 예방하며 고혈압, 당뇨병, 간장병, 위장병, 피부병 등의 예방치료에도 효과가 있다. 무엇보다 '퀘르세틴'이라는 성분이 있어 동맥 경화를 예방하고 또 다른 성분인 '유화 프로필'은 중성지방과 콜레스테롤 수치를 낮추는 작용을 한다.

잘 고르기
한 손에 들어 봐서 무겁고 단단하며 황색 껍질이 짙고 잘 마른 것이 좋다. 싹이 나기 시작한 것은 속이 부실해졌을 가능성이 크다.
가정에서 쓸 때는 한 개에 200그램 정도 나가는 중간 크기가 좋다.

잘 보관하기
습기가 없고 바람이 잘 통하며 햇볕이 들지 않는 곳에 망에 담아 걸어 둔다. 망이 없으면 신문지에 싸서 보관한다.
껍질을 깐 양파는 밀폐용기에 담아 냉장실에 보관한다. 장기간 보관하려면 살짝 데친 뒤 밀폐용기에 담아 냉동실에 보관한다.

파르메산 치즈가 어우러진 양파 리조토

베이컨 크림과 어우러진 양파 토르텔리니

Recipe 5
파르메산 치즈가 어우러진 양파 리조토
ONION RISOTTO WITH PARMESAN CHEESE

이탈리아의 맛을 그대로 간직한 양파 리조토에
폭신한 구름처럼 살포시 내려앉은 매력적인 파르메산 치즈 거품을 더했어요.

양파 리조토 재료
양파 1개 | 마늘 2쪽 | 쿠킹 포일 | 쌀(또는 아보리오 쌀) 1컵
버터 1큰술 | 레드와인 200밀리리터

파르메산 치즈 거품소스 재료
다진 샬롯 1큰술 | 버터 1작은술 | 파르메산 치즈 20그램
우유 200밀리리터

장식용 재료
그린비타민 | 마늘 | 샬롯

양파 리조토 만들기

1. 양파는 통째로 껍질째 깨끗이 씻은 후 다진 마늘 2쪽과 올리브오일 1큰술과 소금 간을 해서 쿠킹 포일로 싼 뒤 160도의 오븐에 40분간 굽는다.

2. 잘 구워진 양파는 뭉근해져서 밑동을 누르면 양파 알맹이가 통째로 꽃봉오리처럼 올라오는데 그 양파 알맹이를 잘게 다진다. 구운 양파껍질은 버리지 않고 리조토의 속을 채우는 데 이용한다.

3. 올리브오일 2큰술을 두른 팬에 2의 다진 양파를 갈색이 될 때까지 볶다가 쌀과 버터 1큰술을 넣어 더 볶는다. 여기에 레드와인을 넣고 뭉근하게 졸여 양파 리조토를 만든다.
Say! 양파를 갈색이 나도록 볶으면 휘발성인 매운 성분은 날아가고 단맛은 증가해요.

파르메산 치즈 거품소스 만들기

4. 달군 팬에 버터를 넣고 다진 샬롯과 파르메산 치즈를 함께 볶다가 약한 불에 우유를 넣고 졸인다. 졸인 후 믹서기에 넣어 갈아 파르메산 치즈 거품소스를 만든다.
Say! 파르메산 치즈는 가루로 사용하기보다는 직접 체를 쳐서 사용하면 훨씬 향이 풍부해져요. 평소 랩에 싸서 보관하다가 필요할 때마다 체에 쳐서 사용하세요. 또 강한 불에 우유를 넣으면 치즈가 빨리 녹기 때문에 거품소스가 안 나올 수 있으니 꼭 불을 줄이세요.

마무리하기

5. 장식용으로 쓸 샬롯 1/2개와 마늘 2쪽은 채썬 뒤 바삭하게 튀긴다.

6. 1의 양파 껍질에 완성된 3의 양파 리조토로 속을 채우고 그 위에 4의 파르메산 치즈 거품소스를 뿌린다. 5의 튀긴 샬롯과 마늘을 올리고 그린비타민으로 장식한다.

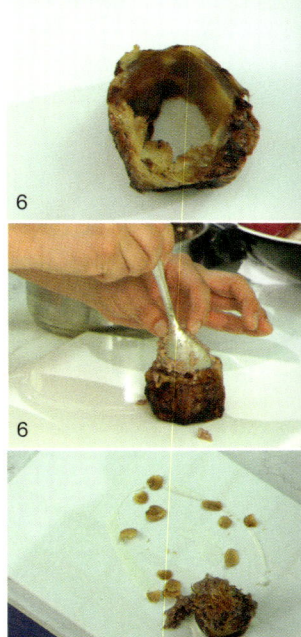

리조토(Risotto)
리조토는 버터에 쌀을 넣고 살짝 볶은 뒤 뜨거운 육수를 부어 만드는 이탈리아 요리예요.

아보리오 쌀
아보리오 쌀은 전분의 함량이 다른 쌀보다 상대적으로 적어 끈기가 많고 차진 편으로 쫄깃쫄깃한 맛을 내 리조토 요리에 적합해요.

파르메산 치즈(Parmesan cheese)
파르메산 치즈는 이탈리아 산 고급 치즈입니다. 최소 2년 이상의 숙성이 필요하고 지방 성분이 보통 치즈의 절반이지요.

Recipe 6
베이컨 크림과 어우러진 양파 토르텔리니
ONION TORTELLINI WITH BACON CREAM

양파 토르텔리니의 쫄깃함 위에 고소함을 그대로 간직한
베이컨 크림을 더했어요!

토르텔리니 재료
밀가루 3컵 | 달걀 3개 | 다진 양파 1큰술 | 시금치 20~30그램
마늘 1/2쪽 | 버터 1큰술

베이컨 크림 재료
다진 베이컨(또는 베이컨 가루) 1큰술 | 채썬 샬롯 1작은술 | 생크림 100밀리리터

장식용 재료
졸인 레드와인 발사믹식초 | 구운 잣 | 그린비타민

토르텔리니 만들기

1. 밀가루와 달걀노른자만을 섞은 후 올리브오일 1큰술과 소금, 후춧가루 간을 해 반죽한다. 이 반죽을 랩으로 싸서 2시간 동안 냉장 숙성시킨다.

Say! 완성된 반죽을 랩에 싸서 두 시간 정도 냉장 보관하는 것은 반죽이 쫀득해지기 때문이지요.

2. 숙성된 밀가루 반죽을 꺼내 얇게 펴 도우를 만든다. 마르는 것을 방지 하기 위해 얇게 편 도우를 반으로 가른 후 잘 접어 놓는다.

3. 올리브오일 3큰술을 두른 팬에 다진 양파와 마늘, 잘게 썬 시금치, 버터 1큰술, 소금, 춧가루를 넣고 강한 불에 빨리 볶는다.

4. 밀가루를 도마에 뿌리고 도우를 얹은 후 도우를 만두피처럼 동그랗기 자른다.

5. 동그랗게 자른 도우에 3의 속을 채운 후 만두를 빚듯 도우를 반으로 접어 양 끝을 살짝 틀어 만다.

6. 물 800밀리리터에 소금과 올리브오일 2큰술을 넣고 끓인 후 5의 토르텔리니 5~6조각을 8분간 익힌다(토르텔리니 양에 따라 끓는 시간을 조절한다).

Say! 이탈리아 면요리를 할 때 물에 올리브오일과 소금을 넣으면 간도 되고 엉겨 붙는 것을 방지해줍니다. 토르텔리니를 너무 많이 익히면 쫄깃한 맛을 잃으니 주의하세요.

베이컨 크림 만들기

7. 올리브오일 1큰술을 두른 팬에 다진 베이컨과 채썬 샬롯을 함께 볶다가 생크림을 넣고 졸여 베이컨 크림을 만든다.

마무리하기

8. 졸인 레드와인 발사믹식초를 접시에 자유롭게 뿌린 뒤 토르텔리니를 올리고 베이컨 크림을 얹는다. 구운 잣과 그린비타민으로 장식한다.

베이컨 가루
베이컨 가루는 베이컨을 잘게 썰어 바삭하게 구워 가루로 만든 거예요.

토르텔리니를 만들 때
토르텔리니를 만들 때 도우의 반죽은 밀가루와 달걀의 비율을 10 : 3으로 섞되 달걀노른자만 사용해야 색깔이 더 예쁩니다. 밀가루와 달걀을 섞을 때 손보다는 포크를 사용하면 훨씬 잘 엉깁니다.

Stonecrop 돌나물

Edward Kwon say

"이번엔 아주 한국적인 식재료, 돌나물이에요. 아마 여러분은 이 식재료가 양식에도 과연 사용될 수 있을까 궁금하실 거예요. 이번 프로그램을 하기 전에 스태프들과 많은 회의를 하면서 우리가 뭔가 색다르게, 지극히 한국적인 어떤 식재료로 세계화된 요리를 만들어 볼 수 없을까 고민했어요. 그러던 중 어느 한식 전문가께서 돌나물을 추천했어요. 제가 사실 외국생활하면서 냉이와 달래도 본 적이 없습니다. 그런 제게 돌나물도 낯선 것이어서 처음으로 맛을 봤는데 은은하면서도 끝 맛은 쌉쌀한 맛이 너무 매혹적이더군요. 그래서 돌나물을 가지고 두 가지 요리를 만들어 봤습니다. 광어와 돌나물을 주재료로 한 요리와 감귤 향 가득한 바닐라 드레싱의 돌나물 샐러드를 탄생시킨 거죠. 이처럼 돌나물은 초고추장에 살짝 비벼서 먹어도 맛있지만 다른 드레싱과 소스를 사용해도 근사하고 멋진 요리가 됩니다."

언제가 맛있나?
3월과 4월, 습기가 많은 산기슭의 돌 틈이나 밭이랑에 널려 있어 쉽게 구할 수 있다. 어린 잎과 줄기를 손가락 한두 마디 정도 길이로 잘라 채취한다. 돌나물로 물김치를 담그면 향긋하고 아삭하면서도 칼칼한 맛이 남달라 봄에 먹는 물김치로 제일이다.

영양에 관하여
나물 가운데에서 섬유질은 가장 적은 편이지만 비타민C와 칼슘, 인이 풍부하다. 특히 칼슘의 함량은 우유보다 무려 두 배나 높다. 또한 무기질이 풍부해 봄의 나른함을 없애는 데 도움을 준다. 간염이나 황달, 간경변증 같은 간환에 좋고 피를 맑게 해준다. 대하증에 특히 좋다.

알아 두면 좋은 활용법
봄부터 가을 사이에 채취해 생즙을 내어 먹으면 간암 치료에 효과적이다. 신선한 돌나물을 짓찧어 즙을 내어 먹으면 된다.
돌나물을 깨끗이 다듬어 씻은 뒤 소금을 살짝 뿌려 절여 두었다가 물김치로 담가 먹는다.
돌나물이 약간 덜 익었을 때 먹어야 향긋하고 맛있다.
비린 듯한 향이 있어 초고추장과 함께 먹거나 식초를 넣어 먹는다.
특유의 향 때문에 주물러 씻으면 풋내가 나 먹기 힘들다. 조리하거나 씻을 때 절대로 손으로 주무르지 않아야 한다. 양념에 무칠 때는 젓가락을 사용해 살살 버무린다.

향긋한 귤과 어우러진 돌나물 샐러드

돌나물볶음을 곁들인 고소한 광어요리

Recipe 7
향긋한 귤과 어우러진 돌나물 샐러드
STONECROP SALAD WITH FRAGRANT TANGERINES

향긋한 돌나물이 감귤향 가득한 바닐라드레싱과 바삭한 크루통을 만나
세상에 없던 새로운 샐러드로 탄생했어요!

주재료
귤 1개 | 돌나물 20~30그램

귤 바닐라 드레싱 재료
귤 1개 | 샬롯 1/4개 | 바닐라에센스 1/4작은술
포도씨오일 1큰술

장식용 재료
식용 꽃 | 크루통

귤 바닐라 드레싱 만들기
1. 귤 한 개를 짜서 귤즙을 만든다. 귤즙과 다진 샬롯, 바닐라에센스, 포도씨오일을 섞어 소금, 후춧가루 간을 해 귤 바닐라 드레싱을 만든다.
Say! 바닐라에센스는 향이 상당히 강하니 조금만 넣어 주세요.

돌나물 샐러드 만들기
2. 귤 한 개는 껍질을 벗긴 뒤 한 쪽씩 썬다.

3. 돌나물은 손을 대지 말고 살살 씻어 접시에 2의 귤과 함께 올린다.

마무리하기
4. 귤 바닐라 드레싱을 뿌리고 식용 꽃과 크루통으로 장식한다.
Say! 크루통이란 쉽게 말해 식빵을 잘라 구운 것을 말해요.

크루통 만들기
식빵을 잘라서 올리브오일을 두르고 다진 마늘, 소금, 후춧가루 양념을 합니다. 팬에 얇게 펴서 오븐 165도에서 4분 정도 굴려 가며 구우면 아삭아삭한 크루통이 완성됩니다.

Recipe 8
돌나물볶음을 곁들인 고소한 광어요리
FLATFISH WITH FRIED STONECROP

버터의 고소한 향을 머금은 광어와
자연의 싱그러움을 그대로 간직한 돌나물의만남!
그리고 그 맛을 더욱 풍요롭게 하는 새콤달콤한 레드와인소스가 더해집니다.

광어찜 재료
광어 150그램 | 물 350밀리리터 | 버터 6큰술 | 귤 1개 | 딜 약간

돌나물 볶음 재료
돌나물 30그램 | 버터 1큰술 | 샬롯 1/4개

레인와인소스 재료
샬롯 1/4개 | 타임 약간 | 로즈마리 약간 | 월계수잎 1장
황설탕 1큰술 | 레드와인 1컵

광어 찌기
1. 광어는 미리 포를 떠서 소금과 후춧가루 간을 한다.

2. 물 350밀리리터에 버터 4큰술과 소금, 후춧가루를 넣어 끓인 다음 블랜더로 갈아 버터물을 만든다. 버터물에 귤즙, 딜, 광어를 넣어 중간불에서 6~8분 정도 익힌다.
Say! 딜은 해산물 종류에 잘 어울리는 허브의 일종이죠.

돌나물볶음 만들기
3. 올리브오일과 버터 1큰술을 두른 팬에 돌나물과 채썬 샬롯 1/4개를 소금, 후춧가루 간을 해 볶는다.
Say! 씹히는 맛이 있어야 하기 때문에 살짝만 볶으세요.

레드와인소스 만들기
4. 버터 1큰술을 두른 팬에 채썬 샬롯(1/4개), 타임, 로즈마리, 옻계수잎, 황설탕을 넣고 볶아 캐러멜화한다. 여기에 레드와인을 붓고 졸여 레드와인소스를 만든다.

접시에 담기
5. 익힌 광어와 볶은 돌나물을 접시에 올린다. 레드와인소스와 올리브오일을 뿌려 마무리한다.

Pea 완두콩

Edward Kwon say

"콩. 사실 싫어하시는 분들 많잖아요? 저도 어릴 적 기억에 어머니께서 콩밥을 해 주시면 젓가락으로 콩만 살짝살짝 골라내 먹다가 혼났던 기억이 있어요. 콩 중에 완두콩은 색깔도 좋고 향도 풍부해서 서양요리에서는 껍질째 사용하기도 합니다. 특히 그냥 볶아서 생선요리할 때 함께 먹으면 그 맛이 아주 일품이에요. 밥에만 놓아 먹던 완두콩의 새로운 재발견이지요. 자, 지금부터 완두콩의 화려한 외출이 시작됩니다. 완두콩 크림수프와 가지 캐비아 그리고 팬에 구운 농어와 완두콩 퓌레예요. 완두콩이 아주 근사하게 어우러진 이 두 가지 요리를 통해 새로운 맛을 느낄 수 있을 겁니다. 참, 완두콩을 요리할 때는 언제나 5분 이상 조리하지 않도록 해요."

언제가 맛있나?
4월부터 6월, 봄부터 초여름이 제철이다.

영양에 관하여
완두콩은 콩보다 맛과 질이 좋은 단백질 공급원으로 비타민, 식이섬유 등이 풍부하다. 특히 노란색 완두콩은 신장병과 고혈압에 효과가 있는데 콩 단백질이 고혈압과 당뇨를 예방하는 기능을 하기 때문이다. 따라서 신장병이나 고혈압 환자들의 경우에는 완두콩으로 밥을 짓거나 반찬을 해서 계속 먹으면 혈압이 안정되고 혈당이 조절되는 효과를 볼 수 있다. 이밖에 콩의 아미노산 성분은 성장을 촉진하고 정자를 만드는데 크게 기여한다. 비타민C를 토마토의 세 배나 포함하고 있어 설사치료, 체온개선, 피부개선, 항균작용 등에도 효과적이다. 특히 기혈을 보충해 젖이 잘 나와 모유를 먹이는 산모에게도 좋다.

잘 고르기
콩의 모양은 둥글며 청색이고 탄력이 있는 것이 좋다.
색은 짙은 녹색을 띠는 것이 좋다.
국산 완두콩의 경우 덜 여문 낟알을 수확하면 심하게 쭈글쭈글하다.
중국산 완두콩의 경우는 씨눈이 들어가 있고 쭈글쭈글한 것이 덜하다.

알아두면 좋은 활용법
콩 속의 풍부한 단백질은 밀의 단백질과 서로 보완적인 역할을 하여 영양가가 상승하므로 빵 등에 넣어 먹으면 좋다.
비닐팩에 담아 얼려 두었던 완두콩으로 마사지를 하면 혈관을 수축시켜 주는 동시에 콩알마다 얼굴라인에 꼭 맞게 밀착되어 빠른 시간에 림프선을 자극하고 부기를 없애 준다. 완두콩 팩을 1~2분 정도 눈이나 볼 위에 올려 두어도 부기 제거에 효과적이다.
완두를 삶은 물로 목욕을 하면 어린 아이의 피부병 예방과 치료에 좋다.
완두콩을 섞어 밥을 지을 때는 밥을 짓기 직전에 까서 넣는 것이 좋으며, 초록 완두는 지방이 적고 단백질과 섬유질이 높아 샐러드, 튀김, 조림 등 다이어트 식품으로 이용된다.

완두콩 크림수프와 가지 캐비아

완두콩 퓌레를 곁들인 농어구이

Recipe 9
완두콩 크림수프와 가지 캐비아
GREEN PEA CREAM SOUP & EGGPLANT CAVIAR

완두콩과 가지의 속살로 맛을 낸 부드러운 수프!
바삭한 크루통 씹는 재미가 쏠쏠해요.

완두콩수프 재료
완두콩 150그램 | 샬롯 1/2개 | 대파 1/4개 | 마늘 1/2쪽 | 우유 200밀리리터
생크림 100밀리리터 | 타임 약간 | 파슬리 약간 | 버터 1큰술

가지 캐비아 재료
가지 1개 | 다진 샬롯 1/2작은술 | 다진 실파 1/4작은술

느타리버섯 볶음 재료
느타리버섯 30~50그램 | 터메릭 약간 | 버터 약간

기타 재료
레몬오일 약간

완두콩수프 만들기

1. 버터 1큰술을 두른 팬에 채썬 샬롯, 어슷썬 대파, 슬라이스한 마늘, 완두콩을 넣어 볶는다. 우유와 생크림, 타임과 파슬리를 넣고 5분간 끓인 후 믹서에 갈아 완두콩수프를 만든다.

Say! 완두콩 수프는 다른 채소와 비교했을 때 갈변화가 상당히 빨라요. 생크림과 우유를 넣고 5분간 끓이면 갈변화도 늦추고 맛과 향도 잘 유지할 수 있습니다.

가지 캐비아 만들기

2. 통가지에 올리브오일을 살짝 뿌리고 소금, 후춧가루 간을 한 후 올리브오일이 충분히 발라지도록 문지른다. 165도 오븐에서 20분 정도 굽는다. 구운 가지의 윗부분을 잘라 양쪽으로 벌린 후 씨를 숟가락으로 뺀 다음 다진다.

3. 올리브오일 1큰술을 두른 팬에 잘게 다진 샬롯 1/2작은술, 2의 가지, 다진 실파 1/4작은술, 소금, 후춧가루 간을 한 후 볶아 가지 캐비아를 만든다.

느타리버섯 볶기

4. 올리브오일 1/2큰술을 두른 팬에 다듬은 느타리버섯을 노릇노릇하게 볶다가 갈색빛이 돌면 버터와 소금, 후춧가루 간을 한 뒤 터메릭을 넣는다.

Say! 버섯은 강한 불에서 빨리 볶아야 해요. 오일을 두르고 연기가 약간 난다 싶을 때 얼른 볶아 주세요. 또 버섯은 너무 빨리 뒤집으면 색깔도 잘 안 나고 뭉글어지니 어느 정도 갈색이 돌 때까지 좀 기다려 주세요.

그릇에 담기

5. 완두콩수프를 볼에 담고 수프 위에 가지 캐비아, 느타리버섯, 크루통을 올리고 레몬오일을 살짝 뿌린다.

Say! 가지 캐비어의 양이 너무 많으면 완두콩 수프의 맛을 잃을 수 있으니 적당히 올려 주세요.

가지 캐비아

캐비아는 철갑상어의 알을 소금에 절인 식품으로 세계 3대 진미 중 하나예요. 가지 캐비아는 가지의 씨가 캐비아 모양을 닮았다 하여 가지 캐비아라 이름을 붙였습니다.

터메릭(turmeric)

인도 최고의 스파이스로 생강과에 속하고 인디안 샤프란이라고도 불립니다. 주로 향신료, 염료로 많이 쓰이는데 인도에선 '부엌의 여왕'으로도 통하지요. 물 1컵에 터메릭 1큰술을 타서 먹으면 치매예방 등 건강에 좋습니다.

Recipe 10
완두콩 퓌레를 곁들인 농어구이
ROASTED SEA BASS & GREEN PEA PUREE

바다에서 갓 건져 올린 듯 신선한 느낌!
고소한 완두콩 퓌레가 농어의 풍미를 한층 높입니다.

주재료
농어 180그램

완두콩 퓌레 재료
완두콩 100그램 | 채썬 샬롯 1큰술 | 생크림 200밀리리터 | 버터 1큰술

체리토마토소스 재료
노란 체리토마토 6~8개 | 다진 샬롯 1작은술 | 샤프란 약간
버터 1큰술 | 생크림 적당량

장식용 재료
붉은 체리토마토 | 차이브 | 다진 베이컨(또는 베이컨 가루) | 비트잎

농어 굽기
1. 올리브오일 2큰술을 두른 팬에 칼집을 넣은 농어를 소금, 후춧가루 간을 해서 굽는다.
Say! 생선요리를 할 때 칼집을 주세요. 칼집을 주면 구울 때 오그라드는 성질이 없어집니다.

완두콩 퓌레 만들기
2. 버터 1큰술을 두른 팬에 채썬 샬롯 1큰술과 완두콩을 볶는다. 완두콩이 익으면 생크림을 넣고 뭉근하게 끓인 후 믹서에 갈아 완두콩 퓌레를 만든다.

체리토마토소스 만들기
3. 노란 체리토마토는 물에 데쳐 대충 자르고 다진 샬롯은 1작은술을 준비한다.

4. 버터 1큰술을 두른 팬에 노란 체리토마토와 다진 샬롯, 샤프란을 넣고 볶은 후 생크림, 소금, 후춧가루를 조금씩 넣어 농도를 되게 만들어 체리토마토소스를 만든다.

접시에 담기
5. 접시에 2의 완두콩 퓌레를 올리고 그 위에 1의 농어를 올린 후 체리토마토소스를 뿌린다. 슬라이스한 붉은색 체리토마토와 차이브, 베이컨 가루 등을 뿌려주거나 비트 잎 등으로 장식한다.

생선구이를 할 때
생선을 구울 때는 강한 불에서 굽다가 색깔이 어느 정도 나면 약한 불로 줄이세요. 천천히 구워야 바삭바삭한 껍질의 맛을 볼 수 있습니다. 생선은 오븐에서 굽는 것과 팬에서 굽는 것에 차이가 있는데 팬에서 생선을 구울 때는 2/3정도 조리한 후 불을 끄면 팬 자체가 갖고 있는 열로 생선이 천천히 익어요. 특히 활어를 요리할 때는 완벽하게 익히는 것보다는 조금 덜 구워진 상태에서 불을 끄고 팬 자체가 가지고 있는 열로 천천히 익히세요. 그러면 아주 부드러운 육질을 맛볼 수 있어요.

프랑스 음식에 관한 짧은 지식 I
프랑스 치즈에 관하여

프랑스인은 "치즈가 없는 식탁은 눈 하나 없는 미인과 같다"라고 말할 만큼 치즈를 사랑한다. 그만큼 치즈 종류도 다양해 무려 4백여 종에 이를 정도다. 프랑스인들은 가공된 연성 치즈는 좋아하지 않아 주로 자연 치즈를 먹는다. 자연 치즈는 소, 산양, 양의 젖으로 만드는데 생산법과 동물의 종류, 기후나 토양의 차이에 따라 맛이 다르다. 치즈의 맛을 아는 사람일수록 독한 향을 가진 치즈를 선호하는 것은 당연한 것!
이 다양한 종류의 치즈는 크게 흰 곰팡이 종류, 산양젖으로 만든 셰브르, 푸른 곰팡이 종류로 나뉜다. 그리고 형태에 따라 워시 타입, 하드 타입, 세미하드 타입, 프레시 타입 등 다양한 형태로 포장된다.

흰 곰팡이 종류는 표면이 흰 곰팡이로 뒤덮인 것으로 비교적 순해 치즈에 익숙지 않은 사람이라도 맛있게 먹을 수 있다. 카망베르(camembert)와 브리(brie)가 여기에 속한다.
셰브르는 표면이 하얀 것, 재로 덮인 것, 향초가 들어간 것 등 다양한 종류가 있다. 생트 모르(sainte maure), 크로탱 드 샤비뇰(crottin de chavignol), 피코동(picodon) 등이 대표적이다. 푸른 곰팡이 치즈는 블루치즈라고도 불리며 양젖과 푸른 곰팡이를 숙성시킨 치즈다. 비타민과 유산균이 많으며 항생제 효과도 있다. 숙성도에 따라 고르곤졸라, 라풋, 블루치즈로 구분된다.

카망베르(Camember) : 대표적인 순한 치즈로 약간 톡 쏘는 맛이 특징이다. 보통 지름 10~12센티미터, 두께 2~3센티미터 정도의 원판 형태다. 치즈 표면에 흰 곰팡이가 덮여 있는데 모두 먹을 수 있다. 빵과 함께 먹기 좋다. 가운데를 눌러 보았을 때 말랑말랑한 것이 오래되지 않은 것이다.

브리(Brie) : 프랑스 브리 지방에서 생산하는 소젖 치즈로 표면에 곰팡이가 덮여 있다. 표면은 약간 텁텁하면서도 은근한 버섯향이 나며 속은 말랑말랑한 노란색의 풍부한 크림이 부드럽다. 맛은 카망베르와 비슷하지만 더 짜고 뒷맛이 길게 남는다. 상온에서 오래 보관하면 크림처럼 녹아 내리니 유의할 것.

크로탱 드 샤비뇰(Crottin de chavignol) : 프랑스 알프스 지역의 염소젖으로 만든 연질 치즈. 약간의 짠맛이 있으며 신맛과 단맛이 조화를 이룬다. 표면 색깔이 초기에는 흰색이지만 숙성되면 색이 짙어져 검은색에 가깝게 된다. 숙성시간이 길수록 향과 맛이 강해지는데 살짝 건조시켜 맛이 진해졌을 때가 가장 맛있다. 샐러드나 테이블 치즈, 그릴 요리에 잘 어울린다.

로크포르(Roquefort) : 프랑스에서 가장 오래된 치즈 중 하나이며 세계 3대 블루치즈 중 하나다. 양젖에 푸른 곰팡이를 접종해 만들어 군데군데 푸른 곰팡이가 피어 있으며 냄새가 강하고 톡 쏘는 맛이 일품이다. 온도에 민감하기 때문에 보관에 주의를 기울여야 하는데 주변 공기로부터 항상 차단시켜야 한다. 냉장고 아래쪽에 서늘하게 보관해 두었다가 먹기 1시간 전에 꺼내 실내 온도와 같게 한다.

캉탈(Cantal) : 프랑스의 오베르뉴 지방에서 생산되는 가장 오랜 역사를 가진 치즈 중 하나로 세미하드 타입 치즈다. 표면은 거칠고 딱딱하지만 고산지역의 건초나 풀을 먹고 짠 우유로 만든 치즈 특유의 맛을 지닌다. 신선한 우유의 맛과 함께 헤이즐넛 향을 느낄 수 있다. 표면에 알루미늄 라벨이 붙어 있어 원산지를 확인할 수 있다. 오래 숙성될수록 신맛과 쏘는 맛이 더 강해진다.

묑스테르(Munster) : 프랑스 알자스 지방의 특산물로 표면을 소금물과 술로 씻어 숙성시킨 워시 타입 치즈다. 냄새가 매우 고약하기는 하지만 독하지 않고 독특한 맛이 나기 때문에 치즈 마니아에게 인기가 있다. 표면은 매끄럽고 약간 습하며 오렌지 빛이 도는 노란색에서부터 붉은색까지 다양하다. 슈크루트(양배추 절임)을 먹은 후에 먹거나 당분에 절인 배추와 함께 먹어야 그 진가가 발휘된다.

Chapter 2
Summer

Watermelon 수박

Edward Kwon say

"수박은 다른 과일에 비해 수분 함량이 월등이 높습니다. 무려 얼마나? 90퍼센트! 이뇨작용에도 좋아요. 일사병이 날 때 수박을 먹으면 좋다고 하는데 그렇다고 또 너무 많이 먹으면 몸을 차게 하는 성분이 있어 좋지 않지요. 조금 주의를 하셔야 합니다. 또 이 수박이 재미있는 게 수분 함량은 90퍼센트인데도 볶거나 잼을 만들 때 뭉그러지지 않는다는 거예요. 사과 같은 과일은 잼을 만들 때 뭉그러지잖아요? 참 흥미로운 과일이 아닐 수 없지요.

사실 수박은 먹고 나서 껍질 대부분은 버리잖아요. 그런데 제가 알기로 우리나라 어느 지역에서는 수박 껍질로 김치까지도 만들어 먹는 걸로 알고 있어요. 또 한 가지 제가 알고 있는 팁을 알려 드리면 수박 껍질에서 파란 부분을 벗겨내고 흰 부분을 잘라 살짝 버터에 볶아서 드셔도 아삭아삭한 맛이 일품입니다. 잘려 버려진 이 친구를 익혀서 먹으면 어떤 맛이 날까 해서 요리를 해봤는데 버터물과 수박이 같이 어우러지면서 호박맛이 나더라고요."

언제가 맛있나?
비닐하우스에서 재배되기 때문에 1년 내내 구할 수 있지만 한여름 삼복더위 때가 제철이다. 7~8월이 가장 맛있는 시기.

영양에 관하여
95퍼센트가 수분이지만 섭취한 수분보다 더 많은 양의 수분을 배출하기 때문에 부기를 빼는 데 효과가 있다. 시트룰린(citrulline)이라는 물질이 있어 이뇨작용을 돕는다. 붉은색을 내는 리코펜 색소는 최근 암을 예방하는 효과가 있다고 밝혀졌다. 수박씨에는 콜레스테롤을 저하시키는 리놀렌산이 들어 있으므로 가급적 뱉지 말고 씹어 먹거나 말려서 볶아 먹을 것. 단 너무 많이 먹으면 배탈이 나는데 이 때에는 소금물을 따뜻하게 해서 마시면 좋다.

잘 고르기
꼭지에 잔털이 없는 걸 고른다. 꼭지의 신선도는 수확시기를 보여줄 뿐 수박의 당도와는 상관이 없다. 당도가 높고 맛있는 것일수록 꼭지에 잔털이 없다.
줄무늬 색이 진하고 줄무늬 간격이 일정한 것이 좋다. 표면에 돌기가 있고 색깔이 선명하지 못하며 노랗게 뜬 부분이 많은 수박은 맛이 없다.
두드렸을 때 맑은 소리가 나는 것을 고른다. 소리가 둔탁하고 낮은 것은 물렀거나 속이 빈 수박일 확률이 높다. 또한 물에 담갔을 때 잘 뜨는 것이 잘 익은 것이다.

알아두면 좋은 활용법
흰 과육은 물과 함께 달여 보리차 대신 마시면 갈증을 타는 당뇨병 환자들에게 좋다.
수박 껍질의 하얀 부분을 얄팍하게 썰어 찌개나 매운탕에 넣으면 국물이 시원하다.
껍질을 말렸다가 찬물에 넣고 푹 달여 마시면 부종이나 고혈압에 효과적이다.

녹차에 익힌 문어와 구운 수박

얇게 저민 수박 샐러드와 호두 사과 살사 드레싱

Recipe 11
녹차에 익힌 문어와 구운 수박
OCTOPUS BOILED IN GREEN TEA AND FRIED WATERMELON

녹차의 싱그러움을 머금은 문어와 구운 수박의 오묘~한 만남!
그 맛과 멋을 한층 더해 줄 라임 코코넛 거품소스를 얹었습니다.

주재료
수박 70그램 | 문어 150그램

부재료
녹차가루 1큰술 | 월계수잎 1개 | 타임 약간 | 배 1/4개 | 버터 1/2큰술

코코넛레몬 거품소스 재료
코코넛밀크 100밀리리터 | 레몬그라스 10그램
레몬즙 약간 | 우유 150밀리리터

장식용 재료
잣 | 새순 | 치커리 | 발사믹식초 | 타임

문어 삶기

1. 끓는 물에 녹차가루와 월계수잎, 타임을 넣어 더 끓인 후 문어를 넣어 삶는다. 배는 껍질 째 듬성듬성 잘라 함께 넣는다. 문어가 익으면 불을 끈다.

Say! 문어와 녹차는 궁합이 너무 좋아요! 녹차로 요리를 하면 콜레스테롤의 수치를 낮춰서 혈관 벽에 붙어 있는 기름기까지 제거해 줍니다.

수박 굽기

2. 껍질을 벗긴 수박을 1.5~2센티미터의 깍둑썰기로 잘라 올리브오일 2큰술을 두른 팬에 굽는다. 소금, 후춧가루, 타임을 함께 넣어 볶은 후 버터 1/2큰술을 넣어 반질반질하게 한다.

코코넛레몬 거품소스 만들기

3. 달군 팬에 코코넛밀크와 레몬그라스를 썰어 넣은 뒤 레몬즙을 살짝 뿌려 졸인다. 어느 정도 졸아들면 우유를 부어 후루룩 끓이고 불을 끈다. 핸드믹서를 이용해 갈아 코코넛레몬거품소스를 만든다.

Say! 우유에 산 성분이 들어가면 단백질 부분이 응고해서 부유물이 생길 수 있어요. 그래서 믹서로 갈아 풀어 주는 거죠.

접시에 담기

4. 삶은 문어와 구운 수박을 접시에 올린다. 그 위에 잣과 타임을 올린 뒤 코코넛레몬 거품소스를 뿌린다. 발사믹식초와 올리브오일을 뿌리고 새순과 치커리로 장식한다.

문어요리에 배를 넣는 이유

문어는 시력회복과 빈혈방지에 상당히 효과가 있고 피로회복에 도움을 줍니다. 문어요리에 배를 넣는 이유는 배의 칼페인(calpain)이라는 단백질 분해효소가 질긴 문어를 부드럽게 해 주기 때문이죠!

Recipe 12
얇게 저민 수박 샐러드와 호두 사과 살사 드레싱
Sliced watermlon with watlnut and apple salsa dressing

풍부한 과즙의 수박이 멜론의 달콤함을 만났다!
호두 사과 살사 드레싱과 함께 기막힌 샐러드로 재탄생할
수박의 새로운 모습을 만날 수 있어요.

주재료
수박 4조각 | 멜론 1조각 | 사과 1/2개 | 체리토마토 2개 | 노란 체리토마토 2개

호두 사과 살사 드레싱
호두 4~5개 | 쉐리와인식초 1/2큰술 | 실파 약간

장식용 재료
처빌 | 그린비타민 | 새순 | 민트잎 | 졸인 발사믹식초 약간

과일준비하기
1. 수박을 어슷하게 저미는 느낌으로 썰고 멜론은 껍질을 벗기고 반을 갈라 씨 부분을 뗀 후 0.1센티미터 정도로 얇게 자른다.

호두 사과 살사 드레싱 만들기
2. 껍질을 벗긴 사과는 작은 정사각형 모양(브뤼누아즈)으로 자르고 체리토마토와 노란 체리토마토도 뚝뚝 썬다.

3. 2에 으깬 호두와 올리브오일 2큰술, 쉐리와인식초 1/2큰술, 후춧가루, 소금, 다진 실파 약간을 넣어 스푼으로 섞어 호두 사과 살사 드레싱을 만든다.
Say! 호두는 아이들 두뇌발달과 성장발육에 상당히 좋은 견과류예요.

접시에 담기
4. 썰어둔 수박과 멜론과 함께 처빌, 그린비타민, 새순, 민트잎 세 개를 자연스럽게 접시에 올린 뒤 졸인 발사믹식초와 올리브오일을 뿌린다. 여기에 소금과 후춧가루를 살짝 뿌린 뒤 호두 사과 살사 드레싱을 뿌리고 마무리한다.
Say! 민트는 향이 강해 많이 넣으면 수박의 은은한 향을 잃을 수 있으므로 세 잎 정도만 넣습니다.

브뤼누아즈(brunoise)
채소를 자르는 방법의 일종으로 네모 반듯하게 1/8인치(0.3센티미터) 정도의 작은 주사위 모양으로 잘게 자르는 것을 말합니다.

졸인 발사믹식초
졸인 발사믹식초는 팬에 발사믹식초를 졸인 건데 졸여지는 정도에 따라 신맛을 내는 산의 강도가 다릅니다. 많이 졸여질수록 신맛이 약해지고 단맛이 강해지는 것이지요. 취향에 따라 졸여서 미리 시럽화해 두고 쓰면 편리합니다.

Tomato 토마토

Edward Kwon say

"이탈리아 사람들은 토마토를 정말 많이 먹는데요. '토마토가 빨 갛게 익으면 의사 얼굴이 파랗게 된다'는 속담이 있을 정도입니 다. 몸에 좋은 토마토를 먹고 아무도 아프지 않으면 병원은 아마 파리만 날리겠죠? 자연히 의사분들 얼굴은 파랗게 질릴 수 밖에 요. 이렇게 건강에 좋은 토마토를 이용하여 다양한 요리를 만들어 볼 텐데요. 매콤한 토마토수프와 토마토 콤비네이션입니다."

언제가 맛있나?
하우스 재배는 사계절 출하되지만 노지 재배는 6~8월이 제철이다.

영양에 관하여
토마토의 붉은 색소인 리코펜은 세포의 산화를 방지함으로써 피부 노화를 막아주고 암과 각종 성인병 예방에 효과가 있다. 알칼리성 과일이기 때문에 고기, 생선, 튀김 같은 산성식품에 곁들여 먹으면 중화가 되고 소화를 촉진해 위에 부담을 주지 않는다. 이밖에 혈전 생성을 막아 뇌졸중이나 심근경색증 예방에 좋고 노화방지, 골다공증, 노인성 치매예방에도 효과적이다.

잘 보관하기
냉장고에 보관하면 효소의 활동이 감소해 잘 익지 않고 향이 없어지며 물렁물렁해지므로 빨리 먹는 게 좋다.
냉장고에 보관하려면 비닐봉지에 담거나 천이나 신문지로 싸 냉기가 나오는 곳에서 멀리 보관해 3~4일 내에 먹는다.
익힌 토마토는 잘 으깨서 얇게 편 다음 지퍼백에 담아 냉동 보관한다. 이렇게 하면 스파게티 소스나 수프 등에 유용하게 쓸 수 있다.

알아두면 좋은 활용법
음주 후 속이 메스꺼울 때 양배추나 귤, 감과 함께 갈아 마시면 숙취 해소에 좋다.
설탕을 뿌려 먹으면 비타민이 손상될 수 있으니 설탕보다는 꿀을 조금 곁들인다. 또는 소금을 찍어 먹는 것이 오히려 단맛을 살린다.
볶음밥을 먹을 때 밥의 양을 반으로 줄이고 토마토로 채우면 칼로리는 줄면서 영양의 균형을 맞출 수 있어 다이어트 식단으로 좋다.

매콤한 토마토수프와 어우러진 구운 피망과 산양치즈

토마토 콤비네이션

Recipe 13
매콤한 토마토수프와 어우러진 구운 피망과 산양치즈
SPICY TOMATO SOUP WITH FRIED SWEET PAPRIKAS AND GOAT'S MILK CHEESE

매콤한 맛이 너무나 매력적인 토마토수프와 그 맛을 살짝 감싸 주는
바삭한 산양치즈 튀김이 만납니다.

토마토수프 재료
토마토 2개 | 양파 1/4개 | 이탈리안 칠리파우더 약간 | 물 750밀리리터

피망&산양치즈 조리 재료
피망 3개(색깔별로) | 산양치즈 30~50g그램 | 밀가루 1컵
달걀 1개 | 빵가루 1/2컵

장식용 재료
바질오일 | 오레가노잎

토마토수프 만들기

1. 올리브오일 2큰술을 두른 팬에 듬성듬성 자른 토마토와 채썬 양파, 이탈리안 칠리파우더를 넣어 볶다가 물 750밀리리터를 넣고 뭉근하게 졸인 후 믹서에 갈아 토마토수프를 만든다.

Say! 토마토 자체에 신맛이 조금 있어서 볶아야 그 신맛을 줄일 수 있어요. 이탈리안 칠리파우더 대신 고춧가루를 사용해도 괜찮아요.

피망 굽기와 산양치즈 튀기기

2. 볼에 피망을 통으로 담아 올리브오일을 바르고 소금, 후춧가루 간을 해 오븐에 구운 뒤 껍질과 씨 부분을 제거한 후 채썬다.

Say! 오븐이 없다면 직화열을 사용해 구워도 좋아요 피망 껍질을 벗길 때 흐르는 물에 벗기면 편해요.

3. 산양치즈는 경단처럼 동그랗게 굴려 밀가루, 달걀 물, 빵가루를 순서대로 입힌 뒤 180도 기름에서 튀긴다.

Say! 산양치즈는 너무 많이 튀기면 금방 녹을 수 있으니 겉이 바삭할 만큼만 튀겨주세요.

접시에 담기

4. 토마토수프는 볼에 담고 접시에 구운 피망을 놓고 그 위에 튀긴 산양치즈를 올린다. 바질오일을 뿌리고 오레가노 잎사귀와 올리브오일로 장식한다.

산양치즈와 바질오일

산양치즈는 시큼하면서 떨떠름한 맛이 있어요. 하지만 튀겼을 때는 바삭하니 씹히는 식감이 좋지요. 바질오일은 집에서 만들 수 있어요. 생허브를 믹서에 넣고 오일을 부어 갈면 돼요. 오일을 진하게 만들고 싶으면 오일의 양을 줄이고 라이트하게 만들고 싶으면 오일을 더 많이 부어 주면 됩니다. 소금, 후춧가루 간은 당연히 잊지 말고요!

Recipe 14
토마토 콤비네이션
TOMATO COMBINATION

지중해의 낭만을 닮은 토마토가 선사하는 세 가지 매력!
한 접시에 토마토의 세 가지 요리가 올려집니다.

수프 재료
방울토마토 10개 | 버터 1작은술 | 샬롯 1/4개 | 생크림 200밀리리터
우유 100밀리리터 | 페타치즈 1큰술

부재료
졸인 발사믹식초 약간 | 크루통 약간 | 다진 올리브 약간

장식용 재료
로메인

수프 만들기

1. 버터를 1작은술 두른 팬에 껍질을 벗긴 방울토마토와 채썬 샬롯을 넣어 볶는다.

Say! 방울토마토 앞부분을 십자로 잘라서 끓는 물에 5초간 담갔다가 얼음물로 옮기면 껍질이 쉽게 벗겨져요.

2. 생크림과 우유를 1 : 2 비율로 섞어 페타치즈와 함께 1에 넣은 후 뭉근하게 끓여 수프를 만든다.

Say! 페타치즈는 다른 치즈에 비해 향이나 맛이 무난해요. 좀 짭짤하지만 토마토 자체의 풍미를 해치지 않는 대표적인 치즈입니다.

토마토 조리하기

3. 껍질을 벗긴 토마토를 포 뜨듯 돌려가며 씨가 보일 정도로 자른다.

4. 3의 포 뜬 토마토껍질을 올리브오일에 살짝 볶은 후 채만 깔아 직사광선의 열에서 12시간 정도 말린다.

접시에 담기

5. 접시에 졸인 발사믹식초를 뿌리고 3의 토마토를 올린 뒤 미리 준비한 크루통을 올린다.

6. 말린 토마토껍질도 접시에 올리고 그 위에 다진 올리브와 르메인으로 장식한다.

7. 수프는 볼에 따로 담아 올리브오일로 마무리한다.

> **토마토 말리기**
> 원래 토마토를 말릴 때는 포를 뜬 토마토를 판에 깔고 올리브오일, 저민 마늘, 타임이나 스파이스의 허브를 넣고 소금, 후춧가루 간을 해 60도 정도의 오븐에서 하루 정도 천천히 말려요. 그런데 이게 쉽지 않아서 좀 더 쉬운 방법을 알려드린 겁니다.

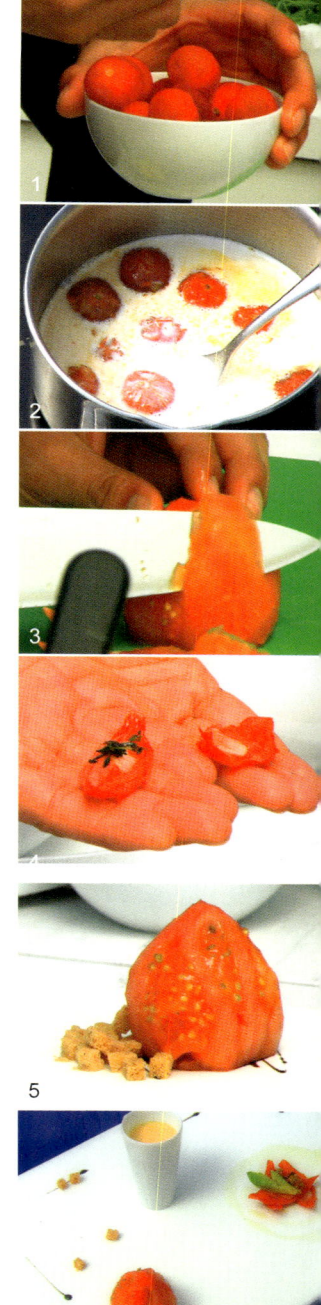

1

2

3

4

5

6, 7

Melon 멜론

Edward Kwon say

"멜론을 고를 때 꼭지 부분이 말라 있으면 상태가 좋지 않은 겁니다. 그러니까 미리 꼭지를 만져보고 좀 말라있다 싶으면 사지 않는 게 좋아요. 또 요리할 때 멜론이 잘 익었는지 안 익었는지 판단하는 방법은요, 제일 밑 부분을 손가락으로 살포시 눌러 봤을 때 부드럽고 좋으면 잘 익은 멜론이지요. 멜론은 자체의 당도가 상당히 높고 향도 풍부해요. 그래서 저는 이 멜론을 바닷가재와 절묘하게 조화를 이루어 봤습니다. "

언제가 맛있나?
7월부터 10월까지. 여름부터 가을이 제철이지만 풍부한 과즙과 달콤한 향으로 특히 여름철 입맛을 유혹한다. 그러나 사시사철 언제든 구입은 가능하다.

영양에 관하여
시원한 맛으로 먹는 수박과는 달리 향긋하고 과육이 부드럽다. 철분, 나이아신, 비타민A, 비타민C가 풍부하여 기력이 약한 환자나 피로하기 쉬운 수험생, 직장인에게 매우 좋다. 몸 속 노폐물을 몸 밖으로 배출하는 데 도움을 주어 피로회복에 탁월하기 때문. 과일 중 비타민A 함유량이 가장 높다. 또한 칼륨이 풍부해 인체 내의 염류 제거와 혈압을 안정시키는 효과가 있다. 과육에는 베타카로틴이 함유되어 있어 항암작용에도 효과가 있다.

잘 고르기
촘촘하고 선명한 그물무늬(네트)가 꼭지 윗부분까지 올라온 것이 좋다.
손으로 눌러 쉽게 들어가지 않고 꼭지가 시들지 않아야 좋다.
모양은 원형에 가까운 것이 좋다.
손으로 퉁겨 높고 맑은 금속성 소리가 나면 아직 덜 익은 것이고 둔탁한 소리가 나면 익은 것이다.

잘 보관하기
멜론은 딴 뒤에 익히는 후숙과일로 온도에 따라 보관기간이 차이가 나는데 섭씨 1~5도에서 7일 정도 보관이 가능하다. 바람이 잘 통하는 서늘한 상온에서 보관해야 고유의 맛을 즐길 수 있다. 멜론 같은 열대 과일은 너무 차가워지면 단맛이 감소할 뿐 아니라 상하기 쉬우므로 냉장고에 넣지 않는 것이 좋다. 먹기 이틀쯤 전에 냉장고에 두었다 먹으면 당도와 씹는 맛이 높아진다.

알아 두면 좋은 활용법
더위를 많이 탄다면 씨를 빼고 차게 해서 먹거나 찬물에 오이 등 궁합이 맞는 재료를 넣고 갈아 주스로 만들어 먹으면 좋다.

바닷가재 & 달콤한 초콜릿소스 멜론

사천고추 푸아그라

Recipe 15
바닷가재 & 달콤한 초콜릿소스 멜론
SIMMERED LOBSTER AND MELON WITH CHOCOLATE SOUCE

탱탱한 바닷가재살과 달콤한 멜론과의 앙상블, 그 위에 최고의 맛을 더하는 초콜릿소스!
갑각류와 초콜릿이 얼마나 잘 조화되는지 확인해 볼 수 있습니다.

주재료
바닷가재 1마리 | 멜론 1/4개

부재료
대파(흰 부분) 1/5대 | 샬롯 1개 | 마늘 2쪽 | 당근 1/2개 | 타라곤 2~3잎
레몬 조금 | 물 6~8컵 | 레몬오일 1큰술

초콜릿 드레싱 재료
화이트 초콜릿 2쪽 | 호두오일 1큰술 | 쉐리와인식초 약간

장식용 재료
발사믹식초 | 바질 | 검은 후춧가루

바닷가재 익히기

1. 대파, 샬롯, 당근은 큼직하게 자르고 마늘은 다진다. 여기에 타라곤 2~3잎, 레몬을 넣어 육수를 끓인다.

Say! 레몬은 바닷가재의 산화작용을 도와 육질을 탱탱하게 유지시켜 줘요.

2. 1의 육수를 바닷가재에 부어 천천히 익힌 뒤 얼음물에 10분간 담가 육질을 탱탱하게 손질한 후 살을 바른다.

Say! 끓는 육수에 바닷가재를 넣어 익히는 방법은 시간 조절에 어려움이 있어요. 바닷가재를 처음 다룬다면 이 방법으로 익히세요. 탱글탱글한 육질과 부드러운 식감을 살릴 수 있는 좋은 방법입니다.

멜론 준비하기

3. 멜론의 과육은 0.2센티미터 두께의 타글리아텔리 모양으로 손질해 레몬오일을 붓고 소금 간을 해 절인다.

Say! 레몬의 신맛과 멜론의 단맛이 절묘한 조화를 이루어 상큼한 단맛을 연출해 주죠.

4. 화이트 초콜릿을 중탕한 뒤 호두오일, 쉐리와인식초를 넣고 소금, 흑춧가루 간을 해 초콜릿 드레싱을 만든다. 눌러 붙지 않게 계속 저어준다.

Say! 갑각류와 초콜릿은 맛의 조화가 상당히 잘 이루어지는 단계이지요.

접시에 담기

5. 접시 위에 저며 둔 멜론을 깔고 손질한 바닷가재의 살을 올린 뒤 초콜릿드레싱을 뿌린다.

6. 검은 후춧가루를 약간 뿌리고 바질잎과 발사믹식초를 뿌려 장식한다.

레몬오일과 바닷가재
레몬오일은 올리브오일에 레몬과 향신채소를 넣어 만든 오일이에요. 바닷가재는 필수 아미노산과 단백질이 풍부하며 콜레스테롤 함량이 월등히 낮아 건강에 좋은 다이어트 식품이에요.

타글리아텔리(Tagliatelle)와 멜론 손질
타글리아텔리는 이탈리안 파스타의 종류로 길고 가늘고 납작한 모양의 파스타에요. 멜론은 껍질을 자를 때 딱딱하고 흰 부분이 남지 않도록 과감하게 자르세요. 스푼을 이용해 씨를 빼고 타글리아텔리 모양으로 손질하면 됩니다. 멜론을 아주 긴 파스타 모양으로 나오게 할 순 없으니까 0.2센티미터 두께로 썰어 주세요.

Recipe 16
사천고추 푸아그라
CHILIES FOIE GRAS

달콤한 멜론이 푸아그라(거위간)와 만나면?
고소한 푸아그라에 달콤한 소스가 얹어져 새로운 맛을 보여 줍니다.

주재료
거위간 180그램 | 사천고추 4개

스위트 앤 사우어 소스 재료
옐로머스크멜론 1/4개 | 버터 1/2큰술 | 계피 약간
정향 2개 | 클로브 2개 | 사과주스 200밀리리터
꿀 1작은술 | 레몬그라스 1큰술

멜론 퓌레 재료
옐로머스크멜로 1/4개 | 버터 1작은술 | 생크림 100밀리리터
꿀 1작은술 | 레몬그라스 1큰술

장식용 재료
토마토 콩카세 | 크루통 | 정향 | 화이트초콜릿 | 녹차가루

거위간 굽기

1. 1센티미터 두께로 잘라 손질한 거위간과 사천고추를 통으로 함께 구운 후 페이퍼 타올 위에 올려 기름을 뺀다.

Say! 거위간은 자꾸 뒤집으면 계속 녹아내리기 때문에 나중에는 거의 곤죽이 되다시피 해요. 그러니 강한 불에서 어느 정도 색깔이 나면 바로 뒤집어야 해요.

스위트 앤 사우어 소스 만들기

2. 옐로 머스크멜론을 1센티미터 크기로 깍둑 썬다.

3. 버터를 두른 팬에 2의 멜론과 계피, 정향, 클로브, 사과주스, 꿀을 넣어 졸인다. 그 후 레몬그라스를 넣어 스위트 앤 사우어 소스를 만든다.

Say! 멜론과 어우러질 소스예요. 탕수육 소스라고 생각하면 됩니다. 탕수육 소스는 식초와 물, 설탕이 들어가는데 저는 여기에 식초 대신 사과주스를, 설탕 대신 꿀을 씁니다.

멜론 퓌레 만들기

4. 버터를 두른 팬에 스위트 앤 사우어 소스 만들고 쓰고 남은 멜론을 생크림, 꿀 1작은술, 레몬그라스 1큰술을 넣고 끓이다가 어느 정도 익으면 믹서에 갈아서 멜론 퓌레를 만든다.

마무리하기

5. 접시 위에 거위간, 사천고추와 스위트 앤 사우어 소스를 올린다.

6. 멜론 퓌레를 거품만 떠서 올린 후 토마토 콩카세, 크루통을 뿌린다.

Say! 콩카세(concasse)는 주사위 모양으로 작게 자르거나 다진 거예요. 토마토 콩카세는 요리를 장식하는 데 많이 쓰이죠. 토마토 콩카세를 만들려면 토마토를 끓는 물에다가 살짝 데쳤다가 얼음물에 넣은 다음 껍질을 벗겨 안쪽에 있는 씨 부분은 빼 버리세요. 그리고 바깥쪽에 있는 과육만 잘게 썹니다.

7. 화이트초콜릿을 박스 그레이더로 갈아 뿌린 뒤 녹차가루를 뿌려 마무리한다.

Say! 푸아그라(거위간) 요리의 화룡점정! 바로 초콜릿드레싱이죠. 화이트 초콜릿의 단맛이 함께 어우러져 더욱 맛이 좋습니다.

푸아그라와 사천고추

푸아그라는 프랑스가 원산지인 재료로 인공적으로 비육한 거위나 오리의 비대한 간을 말해요. 캐비아, 트뤼플과 함께 세계 3대 진미 중 하나이지요. 푸아그라는 지방이 많으므로 기름을 두르지 않은 팬에 강한 불로 조리하세요. 사천고추는 달거나 풍부한 맛은 적지만 매운맛이 깔끔해 강한 맛을 낼 때 사용하는 향신료입니다. 한국인에게 다소 느끼할 수 있는 거위간의 맛을 완화시키는 역할을 하지요.

Corn 옥수수

Edward Kwon say

"통옥수수를 삼등분했을 때 가운데 토막에 붙은 알갱이가 가장 맛있는 부분이라는 것, 혹시 알고 계세요? 옥수수는 주로 삶아 먹지만 구워서도 먹을 수 있지요. 제 고향 강원도에서는 '입가에 검댕칠을 해봐야 강냉이 참맛을 알 수 있다' 는 옛말도 있습니다.

참! 이번에 만들어 볼 요리, 옥수수 벨루테에 대한 일화가 하나 있습니다. 사실 주방생활을 하다 보면 보이지 않는 알력이 있습니다. "과연 저 아시아 주방장이, 저 한국인 주방장이 요리를 하면 뭘 얼마나 하겠어?" 이런 거지요. 그런데 주방장은 조직을 장악해야 되잖아요, 근데 제가 솔직히 이 가냘픈 주방장이 뭔 힘이 있습니까? 보여줄 건 요리밖에 없는데. 그래서 관자 요리를 했어요. 거기에 옥수수 벨루테를 쳐서 올렸는데 아무 것도 아닌 것 같지만 이 간단한 요리 하나에 벌떼 같이 사람들이 모여서 먹는 거예요. 그 후로 바로 평정을 했습니다, 바로 제가! 자, 그 옥수수 벨루테의 고소한 맛과 신선한 해물의 조화를 여기 소개하겠습니다."

언제가 맛있나?
7월부터 9월. 여름과 초가을이 아닌 때에 판매되는 옥수수는 냉동 옥수수다.

영양에 관하여
단백질, 지질, 당질, 섬유소, 무기질, 비타민 등의 성분을 가지고 있어 피부의 건조와 노화예방, 피부습진 등의 저항력을 높이는데 효과가 있다. 잇몸질환 치료제의 주성분으로 충치예방에도 좋다. 옥수수의 섬유질은 장을 자극하여 운동을 활발하게 하는데 최근엔 옥수수의 식이 섬유가 당뇨나 대장암에 좋다는 사실이 밝혀지기도 했다. 신경을 진정시키는 작용도 있어 패주(조개류)와 함께 조리해서 먹으면 눈의 피로를 없애고 초조함을 진정시킬 수도 있다. 또한 비타민B_1이 많이 함유되어 있어 여름을 타느라 나타나는 증세인 식욕부진, 나른함, 무기력에 효과적이니 여름철 보양식으로 그만이다. 옥수수수염에는 이뇨작용 촉진 성분이 있어 신장질환에 시달리는 사람이 달여 먹으면 좋다.

잘 고르기
겉껍질이 연한 녹색을 띠고 만졌을 때 알이 균일하게 박혀 있는 것이 좋다. 알이 균일하게 박힌 것은 그만큼 영양분을 골고루 섭취했음을 의미하는 것.
옥수수수염이 말라 갈색이나 흑갈색으로 변한 것이 잘 익은 것이다. 연하거나 푸른빛이 돌면 덜 익은 옥수수일 확률이 크다.
옥수수 알갱이를 손으로 눌렀을 때 톡 터지는 것이 좋다. 알이 너무 딱딱하면 전분이 많고 당도가 떨어져 덜 달다. 때문에 촉촉하고 부드러운 질감의 옥수수를 고르는 것이 좋다.
쪄서 파는 옥수수가 지나치게 달다면 사카린을 넣은 것이 아닌지 의심해 봐야 한다.

잘 보관하기
옥수수는 수확 직후부터 영양 손실이 진행되므로 가급적 빨리 먹는 것이 좋다.
옥수수를 오래 보관하고 싶은 경우 끓는 물에 옥수수를 살짝 데쳐 차갑게 식힌 후 지퍼백에 넣어서 냉동 보관했다가 먹고 싶을 때 다시 쪄먹으면 옥수수 특유의 맛을 느낄 수 있다.

알아두면 좋은 활용법
지방 함량이 적고 식이섬유가 많아 변비예방과 다이어트 식품으로도 좋다.
옥수수로 만든 콘플레이크를 우유에 타서 먹거나 빵을 만들 때 옥수수가루와 우유를 혼합하여 먹으면 좋다. 다시마와 적당량의 옥수수 알을 핸드블랜더로 곱게 간 뒤 물에 넣고 끓여 체에 거른다. 이를 냉장고에 보관해 옥수수차처럼 수시로 마시면 고소한 맛과 함께 변비와 다이어트에 좋은 음료가 된다.

옥수수 벨루테를 곁들인 신선한 해물

옥수수 퓌레 & 그릴에 구운 대하

Recipe 17
옥수수 벨루테를 곁들인 신선한 해물
SEAFOODS WITH CORN VELOUTE

바다에서 갓 건져온 싱싱한 해산물.
해산물의 풍미를 한층 더 업그레이드 시켜줄 담백함의 대명사 옥수수.
탱글탱글한 대하의 육질을 감싸는 고소한 옥수수 벨루테.

옥수수 벨루테 재료
옥수수(큰 것) 1개 | 샬롯 1/2개 | 우유 200밀리리터

해물 재료
홍합 8개 | 칼라마리(또는 꼴뚜기) 2개 | 관자 5개 | 마늘 2쪽 | 샬롯 1/4개
타라곤 약간 | 파슬리 약간 | 화이트와인 1/3컵

장식용 재료
구운 베이컨 | 송로버섯 | 새순

벨루테 만들기

1. 올리브오일 2큰술을 두른 팬에 채썬 샬롯 1/2개와 다듬은 옥수수를 넣고 볶는다.

2. 옥수수, 샬롯이 어느 정도 볶아지면 우유를 부어 한번 끓인 뒤 중간불에서 20분간 뭉근하게 끓인다. 뭉근해지면 믹서에 갈아 벨루테를 만든다.
Say! 벨루테 자체가 라이트하고 하얗게 나와야 하니까 아주 살짝 볶는다는 느낌 으로 만들어 주세요.

해물 준비하기

3. 올리브오일 1큰술을 두른 팬에 으깬 마늘 2쪽, 채썬 샬롯 1/4개, 타라곤 약간, 파슬리 약간을 넣고 볶다가 홍합을 넣고 같이 볶는다. 화이트와인을 약간 뿌린 후 소금, 후춧가루 간을 한 뒤 홍합이 입을 벌어질 때까지 익힌다.

4. 칼라마리(꼴뚜기)는 포를 뜨듯이 어슷하게 썰어 올리브오일 1큰술을 두른 팬에 두고 소금, 후춧가루 간을 약간 해 표면만 익힌다는 느낌으로 살짝 재빨리 익힌다.
Say! 꼴뚜기는 타우린이 아주 풍부해 콜레스테롤 저하에 좋습니다. 꼴뚜기를 계속 볶으면 껌처럼 질겨질 수 있으니 표면만 살짝 익힌다는 느낌으로 요리하면 됩니다.

5. 올리브오일 1큰술을 두르고 관자를 올린 뒤 소금, 후춧가루 간을 해 굽는다.
Say! 관자는 항상 근육 부분이 붙어 있습니다. 이 근육 부분을 제거해야 해요. 그렇지 않으면 나중에 씹히는 질감이 상당히 감소됩니다. 또 한 가지 굽기 전에 페이퍼타올을 이용해 물기를 제거해 주세요. 오일에 물이 들어가면 튀어 화상의 위험이 있으니까요. 관자는 신선한 것을 구입했을 때는 그냥 물로 씻어서 조리하면 되고 냉동으로 구입했을 때는 식초물에 살짝 헹군다는 느낌으로 담갔다 빼면 육질도 탄탄해지고 씹히는 촉감도 아주 좋아집니다. 참 구울 때는 절대 두 번 이상 뒤집으면 안됩니다.

접시에 담기

6. 접시에 관자, 칼라마리, 껍질을 제거한 홍합을 올리고 옥수수 벨루테의 거품을 숟가락으로 떠서 해물 위에 군데군데 올린다. 구운 베이컨과 얇게 저민 송로버섯을 곁들이고 새순으로 장식한다.

Recipe 18
옥수수 퓌레 & 그릴에 구운 대하
GRILLED SPINY LOBSTERS WITH CORN PUREE

옥수수와 새우가 만나다!
이번엔 옥수수 퓌레와 해산물의 만남입니다.

주재료
대하 2~3마리 | 옥수수 1개(또는 캔 옥수수 100그램)

부재료
타임 약간 | 버터 1큰술 | 샬롯 1/3개 | 우유 350밀리리터 | 생크림 30밀리리터

칠리 마요네즈 소스 재료
마요네즈 100그램 | 칠리 파우더(또는 곱게 간 고춧가루) 약간 | 핫소스 약간

장식용 재료
비트 | 물냉이

대하 굽기

1. 달군 팬에 올리브오일 2~3큰술을 두르고 소금과 후춧가루 간을 한 대하를 굽는다. 타임 잎사귀를 대하를 굽는 중에 살짝 넣고 올리브오일도 한두 번 더 뿌린다.

Say! 생선, 갑각류 등을 구울 때는 두 번 이상 뒤집지 마세요. 두 번 이상 뒤집으면 생선, 새우 등이 기름을 흡수해 느끼해져요.

2. 대하가 어느 정도 구워지면 실온에 휴지시킨다.

옥수수 퓌레 만들기

3. 버터 1큰술을 두른 팬에 채썬 샬롯과 3등분한 옥수수(또는 캔 옥수수)를 볶다가 우유, 생크림을 붓고 끓인 후 믹서에 갈아 옥수수 퓌레를 만든다.

칠리 마요네즈 소스 만들기

4. 마요네즈에 칠리파우더(또는 고운 고춧가루)와 핫소스를 1:1 비율로 섞어 칠리 마요네즈 소스를 만든다.

Say! 칠리 파우더와 핫소스 양은 취향대로 조절하세요. 칠리 마요네즈소스는 샌드위치나 캘리포니아 롤에 곁들이면 좋습니다.

접시에 담기

5. 접시에 구운 대하를 올리고 구운 타임과 비트 잎사귀를 자연스럽게 얹는다. 칠리 마요네즈 소스는 접시 위에 뚝뚝 올린 뒤 가운데를 스푼으로 눌러 장식한다. 물냉이로 군데군데 장식한다. 옥수수 퓌레는 거품을 걷어내 대하 등에 뿌린다

> **휴지(休止)란?**
> 휴지는 생선, 육류, 갑각류 등을 팬에서 조리할 때 요리의 육즙을 보호하고 육질을 좋게 하기 위해 실온에 두는 것인데, 모든 생선류와 육류, 갑각류들은 휴지가 상당히 중요합니다. 그러니 미리 구워 휴지를 시켜주세요.

Lettuce 양상추

Edward Kwon say

"흔히 집에서 양상추를 먹을 때는 그냥 푹푹 잘라서 샐러드로 먹습니다. 그런데 이제 제가 하는 양상추 요리를 보고 나면 따뜻한 양상추의 색다른 매력에 푹 빠져 버릴지 모르니 조심하세요. 생선을 구울 때 양배추와 함께 조화를 이루면 아삭하면서도 약간의 단맛이 나는 것이 생선 특유의 비린 맛을 없애거든요.
자! 지금부터 양상추를 이용해 클램 차우더와 메로구이를 만들 텐데요, 기존의 레시피에서 조금 틀어볼 겁니다. 모든 식재료를 각각 요리해서 합치는 거죠. 궁금하시죠?."

영양에 관하여

양상추는 비타민C가 풍부해 스트레스 해소에 효과가 있고 칼슘과 철분이 가득해 골다공증과 빈혈의 예방 치료에 도움이 된다. 내장의 열을 식히는 작용도 탁월하지만 이뇨작용도 뛰어나 지치고 나른해지는 때에 섭취하면 좋다. 보통 수분이 80~90퍼센트라서 갈증해소에도 좋다. 섬유질 또한 풍부해서 변비에도 그만이다. 양상추는 날로 먹어야 영양 손실을 막을 수 있으니 샐러드로 만들어 먹는다.

잘 고르기

양상추는 동그랗게 생긴 것이 좋고 세로로 길거나 옆으로 긴 것은 줍지 않다.
꼭지 크기는 10원짜리 동전 크기 정도가 적당하고 꼭지의 크기가 너무 큰 것은 끝물에 가깝다고 보면 된다.
잎의 색이 짙은 녹색이며 윤기가 나는 것이 고급품이며 흰색에 가까울수록 상품성이 떨어진다.
들어 보아 묵직한 것이 속이 꽉 찬 것이다. 뿌리 쪽을 살펴 갈색빛이 도는 것은 피하는 것이 좋다.

잘 보관하기

다른 농작물에 비해 저장성이 다소 떨어지며 기온의 영향을 많이 받는다.
실온에서 3~4일, 냉장에선 20일 정도 보관할 수 있다.
냉장고에 보관할 때 저장 온도는 0도, 습도는 90퍼센트로 관리한다.
건조하지 않도록 랩에 싸거나 비닐봉지에 넣어 보관하는 것이 좋다.
시들기 쉬운 줄기는 통째로 랩에 싸서 냉장고에 보관한다.
잎은 식품 보관용 비닐봉지에 넣고 공기를 뺀 다음 냉장 보관한다.
시들해서 떼어 놓은 잎으로 남은 양상추의 겉을 감싸면 오래 보관할 수 있다.

알아두면 좋은 활용법

손질한 양상추는 얼음물에 담가 두었다가 먹기 직전에 건져 요리하면 더욱 아삭한 맛을 즐길 수 있다.
알칼리성 식품으로 산성 식품인 육류와 함께 샐러드나 쌈으로 먹으면 환상궁합!

바질향이 은은한 클램 차우더와 감자 퓌레

구운 메로와 살짝 익힌 양상추 & 커리 오일 크루통

Recipe 19
바질향이 은은한 클램 차우더와 감자 퓌레
CLAM CHOWDER WITH BASIL SCENT AND MASHED POTATOES

은은한 바질향과 푸른 바다향이 물씬 풍기는 쫄깃한 조갯살.
그 맛을 더욱 풍성하게 하는 양상추를 곁들인 감자 퓌레입니다.

주재료
대합 100그램 | 양상추 1/2개 | 감자 2개

부재료
양파 1/2개 | 샬롯 1/4개 | 마늘 3쪽 | 화이트와인 1큰술
타라곤 1잎 | 타임 약간 | 레몬 1/2개 | 물 1컵
당근 1/3개 | 생크림 150밀리리터 | 바질오일 2~3큰술

대합 육수 만들기

1. 달군 팬에 올리브오일 3큰술 두르고 채썬 양파와 샬롯, 다진 마늘 1쪽 분량을 볶는다. 어느 정도 익으면 대합을 넣는다.

2. 대합이 익기 시작할 때쯤 화이트와인, 타라곤 1잎, 타임 약간을 넣고 레몬 1/2개도 즙을 짜서 넣는다. 어느 정도 볶아지면 물 1컵을 붓고 뭉근하게 끓인 뒤 익은 대합은 따로 빼 놓는다.

Say! 대합이 익을 때쯤 화이트와인을 넣는 이유는 특유의 비린내를 없애기 위함입니다. 레몬즙은 대합 육수에 은은한 향을 주면서 육질 자체를 부드럽게 하는 효과가 있어요.

감자 퓌레 만들기

3. 팬에 감자 1개와 물을 넣고 부글부글 끓여 감자가 완전히 익으면 물을 버리고 스푼 등으로 감자를 으깨서 감자 퓌레를 만든다.

클램 차우더 만들기

4. 감자 1개와 당근 1/3개를 주사위 모양으로 작게 썰고 마늘 1쪽은 채썬다. 모든 재료가 잠길 정도의 물에 준비한 감자, 당근, 마늘와 타임잎을 약간 넣고, 소금, 후춧가루 간을 해 감자가 완벽하게 익을 때까지 끓인다. 어느 정도 익으면 재료를 체에 걸러 물을 쏟아낸다.

5. 양상추는 듬성듬성 채썬다. 육수를 만들고 빼 놓은 2의 대합은 껍질을 제거한다.

6. 2의 대합 육수에 생크림 150밀리리터와 바질오일 2~3큰술, 3의 감자 퓌레와 양상추, 4의 재료들, 대합을 넣고 소금 간을 약간 해서 끓여 클램 차우더를 만든다.

Say! 바질오일을 넣으면 하얀색의 클램 차우더가 파란색으로 바뀝니다. 그래서 바질 향이 은은하게 풍기면서 들어가 있는 클램과 어우러져요.

그릇에 담기

7. 수프 볼에 클램 차우더를 담고 바질오일을 살짝 두른 뒤 마무리한다.
Say! 바질 오일은 바질과 올리브오일을 넣고 믹서에 갈면 되요.

> **클램과 차우더**
> 클램(대합)은 조개 종류로 초밥, 회, 구이 등 다양한 요리에 활용됩니다. 철분, 칼슘, 타우린 등이 풍부하죠. 차우더(chowder)는 생선이나 조개류와 야채로 만든 걸쭉한 수프입니다.

Recipe 20
구운 메로와 살짝 익힌 양상추 & 커리 오일 크루통
Roasted toothfish with briefly cooked lettuce and curry oil croutons

매혹적인 커리향과 알싸한 머스타드가
환상적인 맛을 선사하는 메로 요리

주재료
메로 100그램 | 양상추 1/4개 | 차이브 1작은술

머스터드 크림소스 재료
버터 1큰술 | 샬롯 1/2개 | 머스타드(겨자) 1큰술 | 생크림 150밀리리터

바게트 크루통 재료
바게트 빵 약간 | 커리파우더 약간

장식용 재료
새순

메로와 양상추 준비하기

1. 손질한 메로 양쪽 면에 소금과 후춧가루 간을 한 뒤 올리브오일 2큰술을 두른 팬에 구운 후 휴지시킨다.

Say! 메로 특유의 느끼한 맛과 냄새를 없애려면 레몬, 소금, 후춧가루로 간을 하세요.

2. 올리브오일 1큰술을 두른 팬에 손으로 자유롭게 찢은 양상추와 송송 썬 차이브를 소금, 후춧가루로 간하여 재빨리 살짝 익힌다.

머스터드 크림소스 만들기

3. 버터 1큰술을 두른 팬에 잘게 다진 샬롯과 머스터드(겨자)를 볶다가 소금, 후춧가루 간을 한 후 생크림을 넣어 끓인다. 보글보글 끓으면 불을 줄여 타임 잎을 넣어 머스터드 크림소스를 완성한다.

Say! 겨자는 볶아야만 자체의 매운맛이 감소돼요. 모든 요리는 간이 되어야 합니다. 머스터드 크림소스는 팬 바닥에 눌러 붙기가 굉장히 쉬우니 불 조절에 유의하세요.

바게트 크루통 만들기

4. 바게트 빵을 얇게 잘라 쿠킹 포일 위에 올리고 올리브오일, 소금, 후춧가루, 커리 파우더를 살짝 뿌린 뒤 호일을 또 올린다. 양쪽 끝부분을 말아 닫은 다음 전체를 웨이브 모양으로 접어 오븐에 구워 바게트 크루통을 완성한다.

Say! 바게트 빵은 슬라이서에 얇게 밀거나 칼을 이용해 얇게 잘라 주세요.

접시에 담기

5. 2의 양상추를 적당히 모양을 내어 접시 위에 놓고 그 위에 1의 메로를 올린다. 3의 머스타드 크림소스을 뿌리고 4의 바게트 크루통과 새순을 이용해 장식한다.

메로 손질법

메로는 칠레 농어라고도 하며 맛과 향이 좋고 영양이 풍부한 어류로 튀김이나 구이로 먹어요. 비늘이 두껍기 때문에 큰 칼로 비늘을 손질하고 뼈를 발라 토막냅니다.

Grape 포도

Edward Kwon say

"포도는 전 세계에서 사람들에게 사랑을 받고 있는 대표적인 과일인데요. 세계 과일 생산량의 무려 3분의 1이나 된다고 하네요. 포도는 비타민도 풍부하고 피로회복에도 아주 그만입니다. 특히 뼈와 이를 튼튼하게 해주는 효과가 있어요. 이 포도를 기본 재료로 하여 달콤한 포도향과 향긋한 버섯향이 어우러진 거위간 요리를 만들어 보도록 하겠습니다. 포도가 거위간 요리를 어떻게 변화시키는지 기대하셔도 좋습니다."

영양에 관하여

포도에는 갈증해소, 피로회복, 피부미용, 식욕부진에 좋은 효소가 들어 있다. 주성분인 포도당은 피로회복에 도움을 주며 펙틴과 타닌 성분이 많아 장운동을 촉진할 뿐 아니라 해독작용도 한다. 유기산 등 영양소가 많아 피로회복뿐만 아니라 혈액순환에도 좋다. 풍부한 무기질 성분은 산성화되기 쉬운 현대인의 몸을 알칼리성으로 유지해 면역력을 강화시킨다. 포도의 칼륨과 칼슘은 이뇨작용을 도와 붓기를 빠지게 한다. 포도는 씨와 껍질까지 함께 먹는 것이 좋다. 포도씨는 강장제 구실을 해 몸의 독소를 제거하며 항암효과도 있다. 껍질은 장운동을 촉진시키고 피를 깨끗하게 한다.

잘 보관하기

실온에서 4일 정도 보관할 수 있다.
냉장하면 더 오래 보관할 수 있지만 채소와 함께 보관하면 쉽게 시들거나 상하므로 따로 보관한다.
껍질에 붙어 있는 하얀 분말은 농약이 아니라 천연당분이니 세제로 너무 빡빡 씻지 않도록 주의한다.
미리 씻어 보관하지 말고 먹기 직전에 씻는다.

알아두면 좋은 활용법

포도 10알 정도를 찬물에 10분 정도 끓여 차로 마신다. 꿀을 넣어 마시면 더 달콤하다.
설탕은 포도의 비타민C를 파괴하므로 같이 먹지 않는 것이 좋다.
주로 생과일로 먹지만 주스, 젤리, 셔벗, 잼 등의 재료에 쓰인다.
포도의 종류는 캠벨, 델라웨어, 거봉 등이 있다. 최근에는 거봉보다 당도도 높고 시지 않은 타원형 모양의 블랙올림피아, 피오네 등 대봉도 나온다.

거위간을 곁들인 포도 처트니

구운 오리가슴살 & 포도 샐러드

Recipe 21
거위간을 곁들인 포도 처트니
GRAPE CHUTNEY WITH FOIE GRAS

버섯향을 머금은 거위간과 향긋한 포도의 만남~!

주재료
거위간 180그램

포도 처트니 재료
포도 10알 정도 | 건과일(무화과, 살구, 자두 종류) 30~40그램
다진 샬롯 1큰술 | 버섯가루 약간 | 포트와인 2큰술 | 설탕 1큰술
머스터드(겨자씨) 조금

기타 재료
브리오쉬 30~40그램 | 버터 조금

장식용 재료
그린비타민 | 말린 딸기 5~7개

거위간 굽기

1. 거위간은 슬라이스해 양쪽 면에 소금, 후춧가루 간을 한 뒤 버섯가루를 뿌린다.
Say! 버섯가루는 시중에서 파는 말린 표고버섯을 믹서에 간 뒤 고체에 걸러주면 됩니다.

2. 달군 팬에 거위간을 올려 구운 후 페이퍼타월 위에 올려 기름을 흡수시킨다.
Say! 거위간을 조리할 때는 절대 기름을 사용하지 않아요. 거위간 자체에 엄청난 지방이 함유되어 있기 때문이죠.

포도, 처트니 만들기

3. 포도는 잘라 씨를 빼고 건과일은 듬성듬성 썰고 샬롯은 잘게 다진다.
Say! 과일을 말리면 그 자체의 당도가 훨씬 더 높아지기 때문에 거위간이나 다른 요리를 할 때 함께 쓰면 좋습니다. 말린 과일과 거위간은 거의 공식화되어 있어요.

4. 올리브오일 2큰술을 두른 팬에 2의 건과일과 샬롯을 볶은 후 씨를 뺀 포도를 넣고 익힌다. 소금, 후춧가루로 간하고 포트와인, 설탕 1큰술을 넣고 아주 천천히 졸이다 머스터드를 넣어 처트니를 완성한다.
Say! 이처럼 절인 과일이나 채소에 설탕, 향신료를 넣고 끓여 만든 것을 처트니라고 합니다. 머스터드(겨자씨)의 톡톡 씹히는 맛과 매콤한 맛이 단맛과 조화를 이루면서 단맛의 당도를 훨씬 높여줍니다.

브리오쉬 굽기

5. 브리오쉬는 약 1센티미터 두께의 원통형 모양으로 잘라 버터 약간을 두른 팬에 노릇노릇하게 굽는다.
Say! 브리오쉬는 풍부하고 달콤한 이스트 빵이에요. 버터와 달걀은 기본이고 견과류나 과일 등을 넣기도 합니다.

접시에 담기

6. 접시에 거위간을 올린 뒤 3의 처트니를 뿌린다. 구운 브리오쉬도 접시에 올리고 그린비타민과 말린 딸기로 장식한다.

Recipe 22
구운 오리가슴살 & 포도 샐러드
Fried duck breast with grape salad

단백질이 풍부한 오리살이 비타민이 풍부한 포도 샐러드와
상큼한 라임 글레이즈를 만나 매력적인 요리로 새롭게 태어났다!!

주재료
오리가슴살 180그램

라임 글레이즈 재료
호이진 소스 1큰술 | 스위트 소이소스 1큰술 | 라임주스 1작은술

포도 샐러드 재료
포도 10알 정도 | 건포도 3큰술 | 견과류(땅콩, 헤이즐럿 등) 약간 | 실파 약간
라즈베리 비네거 1큰술

장식용 재료
새순 | 처빌

오리고기 굽기

1. 칼집을 내어 손질한 오리가슴살에 소금, 후춧가루 간을 한 후 팬에 적당히 구워 휴지시킨다.

Say! 오리고기에 칼집을 내는 이유는 간이 잘 배며 바삭하게 구워지기 때문입니다. 오리고기 또한 거위간처럼 지방이 많으므로 기름을 넣지 않아요. 그리고 절대 미디엄 이상으로 굽지 마세요!

라임 글레이즈 만들기

2. 볼에 호이진 소스, 스위트 소이소스, 라임주스를 넣고 섞어 호이진 라임 글레이즈를 만든다.

포도 샐러드 만들기

3. 올리브오일 3큰술을 두른 팬에 건포도를 튀긴 후 체에 거른다.

4. 기름은 버리지 말고 볼에 담아 튀긴 건포도, 포도, 적당히 자른 견과류(헤이즐넛 또는 땅콩 등), 라즈베리 비네거, 소금, 후춧가루, 다진 실파를 넣어 포도 샐러드를 만든다.

Say! 건포도를 튀기면 단맛을 더욱 진하게 느낄 수 있어요.

접시에 담기

5. 오리고기는 적당히 썰어 접시에 올리고 포도 샐러드도 올린다. 새순과 처빌로 장식하고 호이진 라임 글레이즈 소스를 뿌린다.

오리고기 손질법
오리고기는 불포화지방산 함량이 육류 중 가장 많아요. 비타민이 풍부해 보양식으로도 많이 먹습니다. 오리가슴살을 준비할 때는 끝에 붙은 기름과 안쪽 근육을 제거해 주세요.

처빌 (chervil)
처빌은 유럽과 서아시아가 원산지인 허브 종류로 파슬리와 비슷하며 샐러드나 수프, 소스 등에 많이 사용합니다. 특히 생선요리에 넣으면 비린 맛을 없애죠. 다른 주재료의 맛을 거의 해치지 않는 것이 처빌의 특징이에요.

Eggplant 가지

Edward Kwon say

"가지는 오이나 당근만큼 한국인들이 좋아하는 채소죠. 영양분은 적지만 기름을 잘 흡수하는 성질 때문에 기름과 궁합이 좋습니다. 그래서 중국요리를 보면 기름에 튀기거나 볶는 가지요리들이 많습니다. 물론 서양에도 여러 가지요리가 있지만요. 이번에 소개할 요리는 한 마디로 '프랑스 요리와 중동 요리'의 절묘한 만남이라고 표현하고 싶은데요. 영화 〈라타투이〉에서처럼 와인 한 잔 곁들여도 좋을 듯 싶네요. 기본 재료인 가지를 가지고 그 라따뚜이와 양고기 바바가노쉬를 만들어 보도록 하겠습니다."

언제가 맛있나?
4월에서 8월까지가 제철인데 가장 맛있는 때는 한여름이다.

영양에 관하여
가지는 사람 몸의 열을 내릴 때 특효약이다. 피의 순환을 좋게 해 꾸준히 먹으면 고혈압과 어지럼증을 개선한다. 화를 자주 내고 과격한 사람들은 몸 안의 열이 지나치게 치솟아 그런 것이므로 가지를 자주 먹는 게 좋다. 비타민과 무기질은 적고 당질이 주성분인 대신 칼로리가 낮고 섬유질이 풍부하다. 가지는 스펀지 같은 섬유질 조직으로 되어 있어 기름을 잘 흡수하므로 식물성 기름으로 요리하여 불포화 지방산과 비타민E를 몸 안에 효율적으로 흡수하도록 한다.

잘 고르기
짙은 보랏빛에 광택이 있고 흠집이 없는 것으로 고른다.
구부러지지 않고 바른 모양이 좋다.
살이 단단하고 무거워야 하며 꼭지의 가시가 뾰족하게 살아 있는 것이 싱싱하다.

잘 보관하기
가지의 수분이 증발하지 않도록 랩이나 비닐에 싸서 냉장 보관한다. 0~5도에서 5일 정도 보관할 수 있다.
꼭지를 딴 후 흐르는 물에 씻는다. 가지의 떫은 맛을 없애려면 물에 담아 우려내면 된다.
수분이 많은 가지는 시간이 지날수록 쪼그라드니 구입 직후 바로 요리하는 것이 좋다. 특히 잘라서 상온에 두면 갈변이 빨리 일어나니 바로 조리할 것.

알아두면 좋은 활용법
가지 꼭지는 기름 없이 뜨겁게 달군 팬에 10분 이상 볶아 수분을 날린 후 물에 5분 정도 우려 매일 한 잔씩 마시면 부종과 배뇨 장애에 좋다.
물렁한 맛이 싫다면 튀김과 구이로 즐겨도 좋다.
얇게 잘라 여름볕에 바짝 말려 먹으면 사계절 내내 먹을 수 있다.

오븐에 구운 가지와 라타투이

팬에 구운 양고기 바바가노쉬와 바삭한 코리앤더

Recipe 23
오븐에 구운 가지와 라타투이
RATATOUILLE WITH OVEN-ROASTED EGGPLANT

프랑스 니스지방에서 농부들이 신선한 제철 야채로 여름에 주로 먹었던
프랑스식 농가 야채스튜인 라따뚜이!
라따뚜이를 구운 가지와 함께 조리해 담백하다!

주재료
가지 1개

라타투이 재료
가지 30그램 | 주키니호박 30그램 | 양파 30그램 | 3색 피망 30그램 | 마늘 1쪽
빨간 체리토마토 3개 | 노란 체리토마토 3개 | 바질 약간 | 토마토주스 2큰술

참깨 콜리플라워 크림 재료
콜리플라워 30그램 | 다진 샬롯 1큰술 | 버터 1큰술
참깨 페이스트(타히나) 1큰술 | 생크림 200밀리리터

장식용 재료
졸인 발사믹식초

가지 굽기

1. 가지는 양쪽 끝을 잘라 다듬어 세로로 얇게 저며 썬다.

2. 가지에 올리브오일을 발라 120도의 오븐에 5~6분간 구워 바삭바삭한 가지를 만든다.

Say! 올리브오일을 바르는 대신 기름종이를 사용하면 더 부드럽고 바삭바삭하게 구워져요. 팬 위에 기름종이를 올리고 얇게 저민 가지를 올린 다음 기름종이를 다시 덮고 또 다른 팬을 올려 누르면 됩니다.

라타투이 만들기

3. 가지, 호박, 양파, 3색 피망 각 30그램을 사방 1센티미터 정방형으로 자르고 마늘은 슬라이스하여 채썬다. 체리토마토는 껍질을 벗겨 듬성듬성 썬다.

4. 올리브오일 2큰술을 두른 팬에 채썬 마늘을 먼저 넣어 볶다가 피망과 양파를 넣어 살짝 볶는다. 호박과 가지, 체리토마토를 넣어 함께 볶다가 올리브오일 2큰술을 다시 한 번 더 두르고 후춧가루, 소금 간을 한 후 바질을 넣어 볶는다. 여기에 토마토주스 2큰술을 부어 라타투이를 만든다.

Say! 채소는 살짝만 볶아야 신선함을 살릴 수 있어요.

참깨 콜리플라워 크림 만들기

5. 올리브오일을 두른 팬에 손질한 콜리플라워, 다진 샬롯 1큰술을 볶다가 버터 1큰술을 넣는다. 참깨페이스트와 생크림을 부어 참깨 콜리플라워 크림을 만든다.

접시에 담기

6. 졸인 발사믹식초를 접시 위에 적당히 뿌리고 라타투이는 동그란 모양의 몰드를 이용해 모양을 만들어 접시 위에 담는다. 구운 가지를 라타투이에 살짝 붙인 뒤 참깨 콜리플라워크림을 얹는다.

> **주키니호박과 라타투이**
> 주키니호박은 애호박보다 단맛이 덜해 볶음이나 전보다는 찌개와 국 요리로 많이 쓰여요. 소화흡수가 잘 되며 비타민A를 다량 함유하고 있습니다. 라타투이는 프로방스 지방에서 즐겨먹는 전통적인 야채 스튜인데 매우 서민적이고 평범한 요리입니다. 주로 가지, 토마토, 양파, 주키니호박 등이 들어가지만 여기서는 피망을 더 넣었습니다.

Recipe 24
팬에 구운 양고기 바바가노쉬와 바삭한 코리앤더
PAN-FRIED LAMB MEAT WITH BABA GHANOUSH AND CRUNCHY CORIANDER

중동지방의 이국적인 풍미를 더한 양고기.
바삭하게 튀긴 코리앤더가 맛에 포인트를 준다.

양갈비 구이 재료
양갈비 200그램 | 가지 1개 | 생강 약간 | 마늘 약간 | 로즈마리 약간 | 타임 약간

가지 퓌레&바바가노쉬 재료
토마토 콩카세 20~30그램 | 다진 파슬리 약간
참깨 페이스트(타히니) 약간 | 레몬즙 약간

슈맥 소스 재료
버터 1큰술 | 쉐리와인비네거 1/2컵 | 다진 파슬리 약간 | 슈맥 약간

장식용 재료
레몬오일 | 코리앤더씨 | 발사믹식초

양갈비 만들기

1. 양갈비는 올리브오일, 생강, 마늘, 로즈마리, 타임, 소금, 후춧가루로 밑간한다. 올리브오일을 살짝 두른 팬에 밑간한 양갈비를 구운 후 휴지시킨다. 휴지할 때 타임을 올려 놓는다.

Say! 밑간은 양고기 특유의 냄새를 없애기 위해 마리네이션하는 과정입니다. 양고기를 구울 때는 양고기 자체가 오일을 가지고 있으니 오일은 조금만 뿌리세요. 한쪽 면이 완벽하게 색깔이 난 뒤에 한 번만 뒤집어야 육즙을 살릴 수 있어요. 오븐에서 구울 때는 165도에서 약 14분 정도 요리하면 미디엄 정도가 됩니다.

가지 퓌레와 바바가노쉬 만들기

2. 가지는 올리브오일을 바르고 소금, 후춧가루로 간을 해 오븐 120도에서 20분 정도 굽는다. 구운 가지는 반을 잘라 속을 스푼으로 긁어 잘게 다져 가지 퓌레를 만든다.

3. 볼에 가지 퓌레, 토마토 콩카세, 다진 파슬리, 참깨페이스트를 넣은 뒤 소금, 후춧가루로 간하고 레몬즙을 섞어 바바가노쉬를 만든다.

Say! 바바가노쉬는 가지와 레몬, 올리브오일 등을 넣고 걸쭉하게 끓인 중동 요리로 빵에 발라 먹으면 그 맛을 더하죠.

슈맥 소스 만들기

4. 양고기를 구웠던 팬에 버터 1큰술과 쉐리비네거를 넣어 졸인 뒤 슈맥과 다진 파슬리를 넣어 슈맥소스를 완성한다.

Say! 양고기를 구운 팬을 이용하면 양고기를 구우면서 나왔던 육즙이 팬 안에 그대로 있기 때문에 소스의 맛이 한층 좋아집니다. 슈맥은 중동과 터키, 그리스 요리에 자주 사용되는 향신료의 일종이에요. 슈맥소스는 향을 주는 역할이니까 조금만 준비하세요.

접시에 담기

5. 접시에 양고기를 적당히 잘라 올리고 그 위에 바바가노쉬를 얹고 레몬오일을 뿌린다. 슈맥소스는 체에 걸러 바바가노쉬 위에 얹고 튀긴 코리앤더씨와 발사믹소스를 뿌려 완성한다.

Say! 코리앤더씨는 향이 강한데 튀기면 순간적인 열에 의해 향이 많이 감소되고 아삭해집니다.

Sweet pepper 피망

Edward Kwon say

"피망은 비타민C가 엄청나게 많이 있어요. 고추의 일종이면서도 매운맛이 덜하고 단맛이 강하며 색이 빨강, 초록, 주황, 노랑 등 가지각색으로 곱지요. 그런데 피망 중에 노란색과 빨간색 혹은 주황색은 사실 피망이 아닙니다. 파프리카지요. 파프리카는 피망보다 단맛이 강하고 아삭아삭해서 훨씬 맛있습니다. 비타민C 함량 역시 피망보다 두 배가 높다고 해요. 비타민 보충을 위해서는 파프리카를 수시로 들고 다니세요."

영양에 관하여

피망 하나에 함유된 비타민C는 레몬 하나와 맞먹을 정도로 비타민C가 풍부하며 이는 기름에 볶아도 잘 파괴되지 않는다. 초록색 피망의 엽록소는 콜레스테롤을 없애 주며 풍부한 유기질이 함유되어 있어 비만 치료에 좋다. 또한 철분이 풍부해 빈혈예방에 효과적이다. 빨간 피망의 비타민A는 눈을 건강하게 하며 암과 관상동맥증을 예방한다.

잘 고르기

진한 녹색으로 윤기가 흐르면서 꼭지 부분이 검게 변색되지 않은 것이 싱싱하다.
팽팽하고 탄력감이 느껴지는 것이 좋다.
꼭지 부분이 말라 있거나 표면이 시들한 것은 오래된 것이므로 피한다.

잘 손질하기

흐르는 물에 씻은 뒤 속의 씨와 꼭지 부위를 잘라낸다.
자를 때는 꼭지를 위로 해서 세로로 잘라야 부서지지 않는다.

구운 대하와 피망 피퍼라드

구운 참치와 피망 쿨리

Recipe 25
구운 대하와 피망 피퍼라드
Roasted prawns with sweet pepper piperade

다양한 허브의 매혹적인 향을 품은 대하가
피망과 레몬그라스, 토마토의 하모니 속으로 몸을 던졌다!

대하구이 재료
대하 180g | 타임 약간 | 화이트 와인 2큰술 | 버터 1큰술

코리엔더 퓌레&토마토 샐러드 재료
다진 코리앤더잎 2큰술 | 샬롯 약간 | 체리토마토(빨강, 노랑) 각 3개

피퍼라드 재료
피망(빨강, 노랑, 초록) 각 1/4개 | 마늘 1쪽 | 샬롯 1/4개 | 버터 1큰술
레몬그라스 약간 | 토마토주스 1 1/2컵

장식용 재료
로즈마리 약간 | 비타민

대하 굽기

1. 대하는 껍질을 벗긴 뒤 소금, 후추가루로 간을 한다. 올리브오일 3큰술을 두른 팬에 타임을 볶다가 대하를 넣어 굽는다.

Say! 갑각류는 두 번 뒤집으면 기름이 바로 흡수되어 입에 넣었을 때 그 음식 맛의 반밖에 느낄 수 없어요. 갑각류를 뒤집을 때는 딱 한번에 끝내 주세요.

2. 대하가 반쯤 익었을 때 화이트와인과 버터를 넣은 뒤 불을 끄고 휴지시킨다.

코리앤더 퓌레오 토마토 샐러드 만들기

3. 블랜더에 다진 코리앤더잎 2큰술과 올리브오일을 넣고 갈아 코리앤더 퓌레를 만든다.

Say! 고수, 즉 코리앤더는 독특한 향이 나는데 서양에서는 소스의 향신료로 사용하고 동양에서는 잎과 줄기는 김치와 쌈으로, 뿌리는 한약재로 사용됩니다. 소화기관을 편하게 하고 빈혈에 효과가 있어요. 씨와 잎을 써요.

4. 채썬 샬롯과 채썬 체리토마토에 올리브오일 3큰술, 소금, 후춧가루를 넣고 섞어 토마토 샐러드를 만든다.

피퍼라드 만들기

5. 올리브오일 1큰술을 두른 팬에 채썬 피망, 다진 마늘, 채썬 샬롯 1/4개, 버터 1큰술을 볶다가 레몬그라스를 넣고 소금, 후춧가루 간을 한다. 여기에 토마토주스를 넣고 뭉근하게 끓여 피퍼라드를 만든다.

Say! 레몬그라스는 물에 담가 둔 후 부드럽게 되면 채썰어 사용하세요.

접시에 담기

6. 코디앤더 퓌레를 접시에 뿌리고 그 위에 대하를 올린 후 로즈마리와 타임을 곁들인다. 토마토 샐러드와 피퍼라드를 자연스럽게 올리고 비타민잎으로 장식한다.

대하 고르기와 손질법

대하는 껍질이 약간 단단하면서도 투명한 색깔이 신선해요. 손질을 할 때는 소금물을 살짝 부은 뒤에 씻어 주면 신선한 대하의 맛을 느낄 수 있습니다.

피퍼라드(piperade)와 **레몬그라스**(lemongrass)
피퍼라드는 피망이나 파프리카를 채 썰어 토마토주스나 신선한 토마토를 넣고 마늘과 함께 조리한 요리예요. 레몬그라스는 풀 전체에서 강한 레몬향이 나서 향신료로 쓰입니다. 또 기름을 채취하여 미용 재료로도 많이 사용됩니다. 피퍼라드를 만들 때 레몬그라스는 나중에 넣어 주세요. 먼저 넣어 볶으면 레몬그라스의 은은한 향이 파괴될 수 있어요.

Recipe 26
구운 참치와 피망 쿨리
FRIED TUNA WITH SWEET PEPPER COULIS

가지 맛의 시치미와 어우러진 참치, 그 참치의 맛을 상큼하고 부드럽게
감싸 주는 피망쿨리와 두유거품소스!

주재료
참치살 100그램

피망 쿨리&야채 볶음 재료
피망 1개 | 다진 샬롯 1큰술 | 생크림 250밀리리터
새송이버섯 1개 | 청경채 1개

장식용 재료
초생강 | 구운 참깨

타타키 만들기

1. 올리브오일 2큰술을 두른 팬에 소금간을 해 둔 참치를 겉만 익게 구어 타타키를 만든다.

Say! 타타키는 생선의 표면만 살짝 익힌 회의 일종으로 주로 참치나 가다랑어를 사용합니다. 구울 때 바닥 표면이 하얗게 구워서 올라오기 시작하면 타타키가 되었다고 보면 됩니다.

피망 쿨리 만들기

2. 올리브오일 2큰술을 두른 팬에 듬성듬성 썬 피망과 샬롯을 볶다가 생크림 250밀리리터를 넣고 졸인 뒤 믹서에 갈아 피망 쿨리를 만든다.

Say! 쿨리(Coulis)는 과일이나 채소를 갈아서 걸쭉한 죽처럼 만드는 요리예요. 피망과 크림의 양은 1:2비율입니다.

채소 볶기

3. 올리브오일 2큰술을 두른 팬에 새송이버섯과 청경채를 납작하게 썰어 각각 볶고 소금과 후춧가루로 간한다.

Say! 버섯을 구울 때는 아주 강한 불에서 순식간에 구워야 합니다. 그렇지 않으면 버섯의 식감을 많이 잃고 즙도 많이 빠져 나와서 맛이 별로 없어요.

접시에 담기

4. 피망 쿨리를 접시에 얹고 구운 참치를 잘라 올린다. 새송이버섯과 청경채, 초생강을 적당량씩 참치 위에 올리고 구운 참깨 뿌린다.

프랑스 음식에 관한 짧은 지식 II
아페리티프(식전주)에 관하여

아페리티프(aperitif 식전주)는 식욕을 촉진하기 위해 마시는 술로 프랑스 정찬의 가장 첫 순서다. 타액이나 위액의 분비를 활발하게 하는 적당히 자극적인 술이 좋다. 술을 마시지 못하는 사람도 진저엘이나 주스 등을 마시는 게 예의이다. 아페리티프는 식욕을 촉진하기 위해 찬 것이 준비되는 경우가 많은데 이런 경우 글라스를 감싸듯 잡으면 체온으로 술의 제 맛을 잃게 되며 술의 아름다운 빛깔도 볼 수 없게 된다. 글라스의 목 부분을 잡도록 하며 너무 오래 시간을 끌며 마시지 않는 게 좋다. 최근엔 식후주인 위스키도 식전에 마시는 일이 많아졌다. 이때는 알코올이 강하므로 희석해 마시는 게 좋다. 식전주로는 샴페인 한 잔도 좋고 단순한 와인 한 잔도 좋다. 와인일 경우에는 차가운 화이트와인이나 로제와인이 좋다. 취향이나 계절에 따라 맥주나 위스키, 진을 마실 수도 있다. 아래는 프랑스에서 아페리티프로 가장 많이 애용되는 것들이다. 샴페인과 스파클링 와인은 아페리티프의 기본이니 따로 설명하지 않는다.

셰리(sherry) : 스페인산 화이트와인으로 호두향이 나며 맛이 아주 담백하다. 우리나라에는 대중적이지 않지만 유럽에서는 샴페인 이상으로 많이 애용한다. 샴페인과 마찬가지로 스파클링이 특징이며 알코올 도수는 15.5퍼센트 정도. 정식 만찬에서는 셰리와 함께 베르무트(vermouth)를 아페리티프로 마신다.

포트와인(port wine) : 포르투갈 와인으로 발효된 와인에 브랜디를 블랜딩해 효모의 발효를 중단시키는 방법으로 제조된다. 대부분이 레드와인이나 드물게 화이트와인도 있다. 알코올 함량은 18~20퍼센트로 셰리와인과 쌍벽을 이루는 대표적인 주정 강화 와인이다. 셰리와인이 발효 후 브랜디를 첨가했다면 포트와인은 발효 중 브랜디를 첨가해 단맛이 더 강하다.

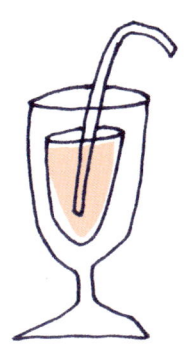

베르무트(Vermouth) : 화이트와인에 브랜디나 당분을 섞고 향쑥, 용담, 키니네, 창포 뿌리 등의 여러 가지 약초와 향초 등을 가미한 리큐어다. 드라이한 프랑스 베르무트와 달콤한 이탈리아 베르무트가 있다. 프랑스 베르무트로는 뒤보네, 비르가 유명하고 이탈리아 베르무트로는 친자노, 마티니가 유명하다. 아페리티프이지만 칵테일 재료로도 널리 쓰인다.

캄파리(campari) : 이탈리아 가스파레 캄파리가 만든 리큐어. 허브, 향신료, 식물의 뿌리, 과일 껍질과 나무 껍질 등 60가지 이상의 재료를 알코올, 둘 등과 혼합했다. 캄파리를 만드는 자세한 비법은 철저하게 비밀에 부쳐져 있는데 캄파리의 붉은 색상은 선인장의 진홍색 수액을 먹고 사는 연두벌레를 말려 얻는다고 알려져 있다. 쌉싸름한 맛이 식욕을 촉진시키는 역할을 하는 것. 프랑스, 이탈리아, 브라질, 독일 등에서 인기 있는 아페리티프이지만 칵테일 재료로도 많이 쓰인다.

칵테일(cocktail) : 칵테일 중에서도 아페리티프를 위한 칵테일이 있다. 보통 단맛이 없는 드라이한 맛을 지니는데 단맛과 쓴맛이 각각 나도록 만들 경우 단맛을 위해서는 체리를, 쓴맛을 위해서는 올리브를 장식한다. 대표적인 아페리티프 칵테일로는 마티니, 맨해튼, 진토닉, 네그로니 등이 있다.

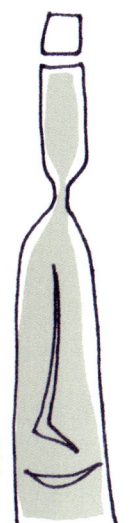

Chapter 3

Autumn

Cabbage 배추

Edward Kwon say

"배추는 우리에게 너무나 친숙한 재료지요. 저는 이 친숙한 배추를 관자와 어우러지게 한 요리와 아귀를 양배추로 싸서 뭔가 색다른 느낌의 요리를 만들려고 합니다. 특히 제가 선보일 두번째 요리인 '땅콩 퓌레와 어우러진 아귀와 양배추'는 베트남 라이스 페이퍼를 보고 착안해서 만든 요리입니다.

제가 샌프란시스코에서 일할 당시 다운타운에 아주 작은 월남식당이 있어 우연히 갔는데 아니 세상에 제가 지금까지 먹어봤던 월남쌈하고는 전혀 다른, 색다른 맛이 나는 거예요. 그래서 하루는 그 월남식당이 조금 한가한 날 셰프한테 물어 봤어요. 소스가, 음식이 너무 맛있다. 어떻게 만들었냐. 그 셰프가 정말 똑똑했어요. 기분을 상하지 않게 하면서 안 가르쳐 주려고, "네가 그래도 이 샌프란시스코에서 다섯 손가락 안에 드는 톱 셰프 중에 하나인데 그 정도의 맛을 보고 못 맞추면 안 되잖아."라고 하더라고요. 그러니까 그는 어쩌면 저한테 숙제를 준 것이고 또 다른 한편으로 생각하면 그의 노하우를 안 알려 주려고 한 것이죠. 덕분에 저는 그 월남쌈에 착안해 새로운 요리를 만들었지요."

언제가 맛있나?

땅끝 마을 해남에서부터 강원도 고산지대까지 1년 내내 생산되지만 역시 11월에 나는 것이 가장 맛있다. 9월에서 11월이 가장 맛있는 시기. 가을 배추는 김치나 쌈, 국 등 모든 요리에 좋고 봄에 나오는 얼갈이배추나 거의 1년 내내 재배되는 속음배추는 주로 국이나 나물, 겉절이로 해서 먹으면 맛있다.

영양에 관하여

97퍼센트 이상이 수분으로 구성되어 있으며 배추의 푸른 잎에는 비타민C가 많이 함유되어 있다. 배추의 비타민C는 열을 가하거나 소금에 절여도 잘 파괴되지 않아 국이나 김치를 해서 먹어도 괜찮다. 부드러운 섬유질도 풍부해 변비 예방에 좋다. 우리 조상은 예부터 김장을 통해 겨우내 부족하기 쉬운 비타민을 공급했는데 이는 배추가 가을에 수확되고 추위를 잘 견디는 성질을 가진 덕분이다. 기온이 영하로 떨어져 얼음이 얼어도 밭에 있는 배추는 겉잎만 얼고 속잎을 얼지 않을 정도. 오히려 더욱 단맛이 돌아 맛있게 된다.

잘 고르기

너무 무겁거나 크면 맛이 없다. 1.2킬로그램 정도가 적당하다.
포기가 꽉 차고 흰 줄기 부분에 광택이 있는 것이 좋다. 반으로 갈라 파는 것을 고를 때는 속 부분이 평평한 게 좋다.
줄기의 흰 부분을 눌렀을 때 수분이 많아야 싱싱하다.
겉잎을 너무 벗겨 내서 노란 잎만 있는 배추는 오래 되어 시든 잎을 제거한 경우일 수 있다.

잘 보관하기

한 포기씩 신문지로 여러 겹 싼 뒤 분무기로 물을 뿌려 햇볕이 들지 않는 서늘한 곳에 세워 두면 한 달 정도 보관이 가능하다.
식구가 별로 없는 집에서 국거리로 배추를 샀다면 한번에 먹기에 너무 많다. 이럴 경우 데쳐서 물기를 꽉 짠 뒤 냉동해 놓으면 국 끓일 때마다 요긴하다.

관자와 어우러진 캐비아와 배추

땅콩 퓌레와 어우러진 아귀와 양배추

Recipe 27
관자와 어우러진 캐비아와 배추
SCALLOPS WITH KOREAN CABBAGE AND CAVIAR

쫄깃함에 있어서는 타의 추종을 불허하는 관자와 세계 3대 진미 캐비아가 싱싱한 배추를 만났다! 어디서나 흔히 볼 수 있는 배추의 고급화를 꾀한 에피타이저 레시피.

주재료
관자 6개

배추 조리 재료
배추 2장 | 샬롯 1개 | 차이브(실파) 1큰술 | 버터 약간

양파 조리 재료
양파 1개 | 버터 1큰술 | 브라운슈가 2큰술 | 레드와인 1/3컵

바닐라 벨루테 재료
샬롯 1/6개 | 버터 약간 | 바닐라에센스 1작은술 | 우유 100밀리리터

장식용 재료
캐비아 | 졸인 발사믹식초 | 레몬오일 | 새순

관자 굽기

1. 관자는 근육 부분을 떼고 손질한 후 소금, 후춧가루 간을 한다.

Say! 관자요리를 할 때 말린 수건이나 페이퍼타월로 물기를 제거하면 기름에 굽거나 튀길 때 물기가 기름에 닿아 튀는 위험이 줄어들어요.

2. 손질한 1의 관자를 올리브오일 2큰술을 두른 팬에서 구워 휴지시킨다.

Say! 육류나 해산물은 한 번만 뒤집어야 해요. 그리고 휴지시키는거 잊지 마세요.

배추와 양파 조리하기

3. 샬롯 1/2개와 배추는 채썰고 차이브는 잘게 자른다.

4. 올리브오일 2큰술과 버터를 약간 두른 팬에 샬롯을 볶다가 샬롯이 반 정도 익었을 때 배추를 넣어 소금과 후춧가루 간을 해 함께 익힌다. 거의 익었을 때 잘게 썬 차이브를 넣고 3초 후 불을 끈다.

Say! 차이브를 넣고 오래 볶으면 파란 부분이 갈변해요. 오래 볶지는 마세요.

5. 양파 1개는 채썰고 올리브오일 3큰술과 버터 1큰술을 두른 팬에 볶는다. 양파가 갈색을 띠면 브라운슈가 2큰술을 넣어 양파가 약간 타는 듯할 때까지 볶는다. 양파가 자박자박 할 정도로 레드와인을 부어 캐러멜화시킨다.

Say! 브라운슈가는 녹으면서 레드와인과 함께 어우러져 빠른 시간 내에 양파가 캐러멜화되는 것을 도와요. 레드와인은 양파가 가진 본연의 단맛을 훨씬 증가시키는데 양파가 자박자박하게 될 정도로 부어야만 와인이 졸여지면서 양파의 단맛을 끌어당겨 엉겨서 캐러멜화가 됩니다.

바닐라 벨루테 만들기

6. 샬롯 1/6개는 잘게 다져서 약간의 버터와 함께 볶는다. 샬롯이 익어갈 때쯤 바닐라에센스 1작은술을 넣어 졸이다가 거의 날아갈 즈음에 우유 100밀리리터를 넣어 바닐라 벨루테를 만든다.

Say! 바닐라에센스는 바닐라콩을 그늘에 말려 알코올로 에센스를 추출한 것으로 흔히 제과용 향료로 사용합니다.

접시에 담기

7. 볶아둔 4의 배추를 접시에 올리고 그 위에 2의 관자와 5의 캐러델화된 양파를 올린다. 6의 바닐라 벨루테는 핸드믹서로 쳐 거품을 양파 위에 얹고 캐비아, 새순, 졸인 발사믹식초, 레몬오일로 장식한다.

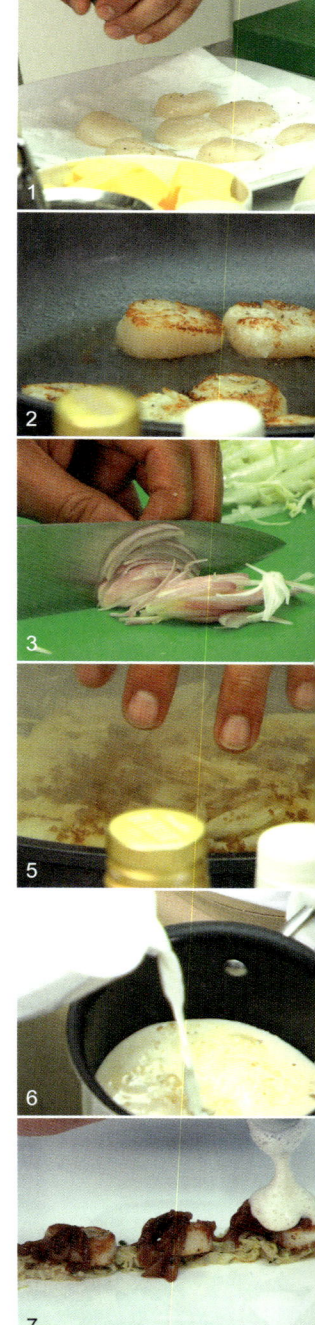

Recipe 28
땅콩 퓌레와 어우러진 아귀와 양배추
ANGLER AND CABBAGE WITH PEANUT PUREE

바다의 향긋함을 육질 속에 감춘 아귀.
여기에 배추와 고소하고 담백한 스위트 된장과 땅콩 퓌레로 풍미를 더했다.
배추와 아귀를 이용한 아시아 스타일

주재료
아귀 100그램 | 양배추 1/2개

땅콩소스 재료
다진 땅콩 30그램 | 샬롯 약간 | 된장 1큰술 | 물 약간
배추즙 약간 | 스위트 소이 소스 1큰술

마늘 오일 재료
마늘 1쪽 | 올리브오일 적당량

장식용 재료
민트잎 | 차이브

아귀와 양배추 조리하기

1. 아귀는 깨끗이 손질해 올리브오일을 두른 팬에 소금, 후춧가루 간을 해 굽는다.

Say! 아귀는 찜을 하거나 볶을 때는 완전히 익혀도 상관없는데 이번 요리처럼 스테이크 형식으로 먹을 때는 미디움웰던 정도로 구워야 아귀 본연의 촉촉한 맛을 느낄 수 있어요.

2. 양배추는 끓는 물에 10초 정도 데친 후 얼음물에 넣는다.

Say! 데친 양배추를 얼음물에 바로 넣으면 파르스름한 색깔을 유지하면서 구워 먹을 수 있어요.

땅콩소스 만들기

3. 샬롯은 채썰어 올리브오일 1큰술을 두른 팬에 볶다가 된장 1큰술과 약간의 물, 배추즙 약간, 다진 땅콩을 섞어 끓이다가 스위트 소이소스 1큰술을 넣고 믹서에 갈아 땅콩소스를 만든다.

Say! 된장을 볶으면 짠맛이 날아가고 된장 자체의 풍미도 느낄 수 있어요. 배추즙은 배추를 믹서에 간 거예요.

마늘오일 만들기

4. 마늘 1쪽은 얇게 저며 올리브오일을 부어 달군 팬에 노릇노릇하게 튀겨 마늘오일을 만든다.

Say! 마늘은 기름이 180도 이상 되면 금방 타므로 온도는 조금 낮추세요.

5. 데친 2의 양배추에 1의 구운 아귀를 싼 뒤 가지런히 잘라 롤 모양으로 만들고 접시에 올린다. 완성된 3의 땅콩소스와 4의 마늘오일을 얹고 민트잎과 차이브로 장식한다.

서양식 아귀 요리
아귀 요리는 서양에서는 주니퍼 베리(Juniper berry)라고 바닐라를 사용해서 절인 뒤 꼬치구이나 베이컨과 같이 말아서 먹는 요리가 많아요.

Welsh onion 대파

Edward Kwon say

"파는 모든 요리에 기본 양념으로 사용되잖아요. 그런데 기본 양념 말고 제가 또 한 가지 대파의 놀라운 효과를 알려 드릴게요. 바로 차로 마시는 건데요. 대파는 비타민C가 사과의 41배나 들어 있어서 파 뿌리를 잘라 끓여 먹으면 감기에 아주 좋은 효과가 있다고 해요. 이번엔 이러한 대파로 두 가지 요리를 만들 거예요. 팬에 구운 연어와 대파 콤비네이션. 과연 무엇이 나올까 궁금하시죠?."

영양에 관하여
대파는 유화알릴이라는 성분이 있어 신경의 흥분을 가라앉히는 작용을 한다. 정신적인 피로나 고민으로 흥분이 가라앉지 않는 경우 파를 썰어 직접 냄새를 맡거나 파를 넣고 끓인 물의 증기를 쐬면 효과가 있다. 또한 파 특유의 매운맛은 알리신이라는 성분 때문인데 이는 혈액의 흐름을 원활히 하고 몸을 따뜻하게 하는 작용을 한다. 이외에도 비타민과 칼슘, 철분 등이 풍부해 위의 기능을 돕고 감기 악화를 막는 데 효과가 있다.

잘 보관하기
제철 대파는 파뿌리와 흙이 있는 상태로 신문지에 말아 종이상자나 화분에 심으면 2개월까지 보관이 가능하다.
겨울철에는 흙이 묻은 대파를 단으로 묶어 얼지 않도록 모포로 덮어 두면 노랗게 되는데 이럴 경우 매운맛은 없어지고 단맛과 부드러운 맛만 남는다.
여름철에는 냉장 보관한다.
장기간 보관 시 용도에 따라 어슷썰기, 일자썰기 등 다양하게 썰어 밀폐용기에 담아 냉동 보관한다.

알아두면 좋은 활용법
감기기운이 있을 때 파뿌리를 다려 먹으면 효과가 있다. 파를 끓일 때는 오래 끓이면 좋지 않고 고온에서 단시간 끓이는 것이 영양가가 높다.
파의 얇은 속껍질을 상처가 났을 때 붙이면 지혈효과가 있다.
불면증이 있을 때 파를 고아 마시거나 생파를 된장에 찍어 먹으면 효과가 있다.

팬에 구운 연어와 대파 크림

대파 콤비네이션과 어우러진 산양치즈

Recipe 29
팬에 구운 연어와 대파 크림
PAN-FRIED SALMON WITH WELSH ONION CREAM

펄떡이는 싱싱한 연어와 그 위에 마법의 가루처럼 뿌려지는
대파 크림의 매혹적인 맛과 향……연어를 색다르게 즐기는 또 하나의 방법.

주재료
연어 180그램 | 대파 1/2개

부재료
버터 1/4개 | 로즈마리 약간 | 타임 약간 | 생크림 1/2컵 | 타라곤 약간

레드와인소스 재료
마늘 2~3쪽 | 샬롯 10그램 | 로즈마리 약간 | 타임 약간 | 레드와인 1컵

장식용 재료
비트 | 처빌오일(처빌+올리브오일)

대파 조리하기
1. 대파는 흰 부분을 3센티미터 너비로 썬다.

2. 버터와 끓인 물을 1 : 1로 넣어 만든 버터물에 로즈마리, 타임을 넣고 블랜더로 간 뒤 소금·후춧가루 간을 한 후 뭉근하게 끓여 육수를 만든다.

3. 끓고 있는 2의 육수에 생크림을 넣은 뒤 썰어 놓은 1의 대파를 넣어 약한 불에서 졸인다.

연어 굽기
4. 칼집을 낸 연어에 소금, 후춧가루 간을 하고 타라곤을 넣어 올리브오일을 두른 팬에 굽는다.
Say! 타라곤은 프랑스 요리의 자존심이라 불릴 정도로 프랑스인이 좋아하는 허브예요. 쑥의 일종으로 주로 샐러드 향신료로 사용되는데 향이 독특해 생선 요리의 비린맛을 한번에 날려주는 역할도 하죠.

레드와인소스 만들기
5. 올리브오일을 두른 팬에 으깬 마늘과 샬롯, 로즈마리, 타임 약간을 넣어 굽다가 레드와인을 넣어 바글바글 끓여 레드와인소스를 만든다.

접시에 담기
6. 버터물에서 익힌 3의 대파를 세로로 잘라 속대가 위로 올라오도록 접시에 놓고 그 위에 4의 연어를 올린다. 그 위에 5의 레드와인소스를 얹고 비트잎과 처빌오일을 뿌려 마무리한다.

> **연어 굽는 요령**
> 연어를 구울 때 껍질 부분에 칼집을 주면 간이 잘 들고 생선을 굽는 과정에서 쪼그라드는 걸 막을 수 있습니다. 연어 스테이크는 미디움이나 미디움 웰던으로 구울 때 연어의 육질을 가장 제대로 느낄 수 있어요.

Recipe 30
대파 콤비네이션과 어우러진 산양치즈
Welsh onion combination with goat's milk cheese

향이 물씬 풍기는 대파 크림과 부드러운 감자 스무디.
여기에 바삭한 식감을 더해 주는 튀긴 쌀과 구운 베이컨의 조화!
아무도 주목하지 않는 재료, 대파의 다양한 변신을 모은 요리예요.

리조토볼 재료

산양치즈 40그램 | 대파 1/2개 | 버터 4큰술 | 화이트와인 1/2컵
리조토 50그램 | 브리치즈 20그램 | 밀가루 1컵 | 달걀 1개
빵가루 1컵 | 올리브오일 350밀리리터

대파크림 재료

감자 3개 | 대파(흰 부분) 1/3개 | 샬롯 약간 | 버터 2큰술 | 우유 300밀리리터 | 생크림 50밀리리터

장식용 재료

베이비 워터크래스 | 졸인 발사믹식초 | 튀긴 쌀 | 잘게 썬 베이컨

리조토볼 만들기

1. 팬에 버터 4큰술을 녹이고 화이트와인을 넣어 졸인다.

2. 대파는 5센티미터 크기로 3조각을 어슷썰기하고 올리브오일을 두른 팬에 소금, 후춧가루로 간을 해 구운 다음 1을 구운 팬에 부어 디글레이징한다.
Say! 디글레이징(deglazing)은 고기를 굽거나 볶을 때 육즙에서 나온 과다한 지방을 들어내기 위한 기법으로 주로 와인이나 크림 등을 사용해요.

3. 산양치즈는 5~7센티미터 크기로 잘라서 준비한다.

4. 미리 준비해 둔 리조토를 손으로 조물조물 집어서 리조토볼 3조각을 만들고 만두처럼 펴서 속에 1센티미터 정사각 크기로 썬 브리치즈를 넣어 볼 모양을 만든다.
Says! 치즈는 자르기가 쉽지 않은데 칼에 물을 약간 묻혀 자르면 편해요.

5. 4의 리조토볼에 밀가루, 달걀, 빵가루 순서대로 입혀서 올리브오일에 튀긴다.
Say! 튀길 때 기름은 180도가 가장 좋아요. 리조토 볼은 너무 오래 튀기지 말고 표면이 바삭바삭할 정도만 튀겨 주세요.

대파크림 만들기

6. 듬성듬성 썬 감자와 채썬 대파 흰 부분과 샬롯을 버터 2큰술을 두른 팬에 볶는다. 여기에 우유, 생크림을 넣고 뭉근하게 끓인 뒤 믹서에 갈아 대파크림을 만든다.
Say! 여러 재료를 볶을 때 저는 양파, 샬롯이나 대파, 감자 순으로 볶지만 특별히 지킬 필요는 없어요.

접시에 담기

7. 2의 구워 놓은 대파를 접시에 올린 뒤 3의 산양치즈를 얹고 토치(torch)로 구워 그라티네 해준다. 베이비 워터크레스를 올려 마무리한다.
Say! 토치는 불을 내뿜어 불 붙이는 것을 돕는 기구를 말해요. 그라티네(gratine)는 음식 위에 버터나 치즈 등을 올려서 표면을 노릇하게 구워내는 조리법을 말해요.

8. 튀긴 5의 리조토볼을 올리고 2 위에 발사믹 식초를 뿌린다. 대파크림을 작은 컵에 담아 튀긴 쌀과 잘게 썬 베이컨을 뿌려 완성한다.

> **리조토(risotto) 만드는 법**
> 리조토는 버터에 쌀을 넣고 살짝 볶은 뒤 뜨거운 육수를 부어 만드는 이탈리아 요리예요. 다진 양파와 마늘을 버터에 볶은 뒤 아보리오 라이스나 칼리네 라이스 같은 리조토 쌀을 넣고 야채육수나 닭육수를 천천히 부어가면서 적당히 씹히는 맛으로 요리합니다. 마지막에는 파르메산 치즈를 넣고 농도를 맞추면 됩니다. 소금, 후춧가루 간은 당연히 잊지 말고요!

Radish 무

Edward Kwon say

"무를 먹으면 속병이 없다고 해요. 그 정도로 천연 소화제 역할을 한다고 하는데 열량이 적어서 살찔 염려도 없고 식이섬유가 풍부해 노폐물 배설도 잘 된다고 하네요. '무를 먹으면 인삼보다 낫다' 라는 말도 있으니 많이 드세요. 저는 이 무를 가지고 한국 된장과 일본 미소를 써서 동양적인 색깔을 가미해 보겠습니다. 또 치즈를 이용해서 된장과 치즈의 어우러짐을 느끼는 요리를 준비했어요. 평범한 재료로 특별한 만찬을 준비할 수 있을 겁니다."

언제가 맛있나?
10월에서 12월. 봄이나 여름의 무는 가늘고 연해 싱겁고 단맛이 덜한· 반면 가을 무는 물이 많고 맛이 깊으며 달고 시원하다.

영양에 관하여
90퍼센트 이상이 수분이다. 소화촉진과 해독기능이 탁월한데 무에 함유되어 있는 특유의 전분 분해 효소는 음식의 소화 흡수를 촉진한다. 풍부한 식물성 섬유소는 장내의 노폐물을 청소하는 역할을 하며 해열 효과와 기침이나 목이 아플 때도 효과가 있어 한방에서도 많이 사용된다. 체액을 알칼리성으로 유지해 주기 때문에 생선과 먹으면 산성식품인 생선을 중화시켜 준다. 무잎은 당근의 두 배가 넘는 비타민A와 우유의 두 배 되는 비타민B_1, B_2, 칼슘, 또 딸기보다 많은 비타민C, 마늘 못지않은 알리신 등이 함유되어 있다.

잘 고르기
머리 부분의 잎이 매끈하고 희고 파릇해야 한다.
녹색이 많이 날수록 맛있고 좋은 무라고 알고 있는 것은 잘못이다. 녹색은 땅 밖으로 나온 부분이 햇볕에 쪼여 엽록소가 생긴 것으로 이런 무일수록 맛과 품질이 떨어지는 하등품이다.
광택이 나고 들었을 때 단단하고 무거운 것이 좋다.
둥근 모양의 북지 무는 육질이 단단해 깍두기, 김치, 무국, 채쳐서 삶아 먹는 무나물 등으로 쓰이며 길쭉한 모양의 남지 무는 수분이 많고 부드러워 단무지, 생채 같이 날것으로 쓰인다. 김치의 속으로 사용할 무는 가로와 세로의 비율이 같을수록 맛있는 무이며 생으로 먹을 때는 길쭉한 무가 좋다.

잘 보관하기
흙이 묻어 있는 채로 신문지에 싸서 분무기로 물을 뿌린 뒤 바람이 잘 통하고 햇볕이 들지 않는 5도 정도의 온도에 저장하면 오래 보관할 수 있다.
무잎을 그대로 두면 무의 양분을 흡수하므로 구입한 즉시 잘라낸다. 자른 잎은 버리지 말고 소금물에 데쳐 냉동 보관하여 시래기 등으로 사용한다.
뿌리는 잘라 내지 말고 육수 낼 때 쓴다. 껍질도 말렸다 볶아 먹으면 좋다
깍두기 등으로 사용할 때는 껍질을 벗기지 말고 흙과 더러운 것만 제거하여 담근다.

알아두면 좋은 활용법
무를 크게 3등분하면 푸른 빛을 도는 부분이 가장 단 부분이다. 이 부분으로 무생채나 무주스를 만들어 먹으면 좋다. 둘째 마디는 달고 매운맛이 살짝 돌아 조림으로 좋다. 뿌리의 끝부분에 해당하는 부분은 매운맛이 강하므로 볶거나 국으로 끓여 먹는다.
무로 조림요리를 할 경우 처음부터 양념장을 넣지 말고 끓는 물에 데친 후 다른 재료가 익는 정도와 속도에 맞춰 조리하는 것이 좋다.
무를 데치거나 우려낸 물은 육수로 사용해도 좋다.
맵고 아린맛이 심하다면 데치거나 삶을 때 쌀뜨물을 넣고 조리하면 부드러운 무 맛을 찾을 수 있다.

구운 농어와 무 퓌레, 국산 된장 국물과 에다마메

천천히 익힌 무와 사과 된장 퓌레, 된장 블루치즈 퓌레

Recipe 31
구운 농어와 무 퓌레, 국산 된장 국물과 에다마메
FRIED SEA BASS WITH RADISH PUREE, KOREAN DOENJANG BROTH AND EDAMAME

버터물에 익힌 고소한 농어와 알싸~한 무 퓌레의 이색적인 만남!
여기에 맛의 조화를 증폭시키는 담백한 된장소스와
씹히는 맛이 매력적인 에다마메가 함께한다.

무 퓌레 재료
무 50그램 | 샬롯 1/2작은술 | 물(무가 잠길 정도) 1~2컵

농어 육수 재료
농어 100그램 | 버터 2큰술
생선(혹은 다시마) 육수 400밀리리터 | 타라곤잎 1쪽

된장소스 재료
된장 2큰술 | 생선(혹은 다시다) 육수 200밀리리터

기타 재료
에다마메 1큰술 | 가다랑어포 | 무순

무 퓌레 만들기
1. 샬롯은 채썰고 무는 껍질을 깐 후 4센티미터 두께로 듬성듬성 자른다.

2. 올리브오일 2큰술을 두른 팬에 1의 샬롯과 무를 순서대로 넣어 볶다가 재료가 물에 잠길 정도로 물을 넣는다. 끓기 시작하면 소금, 후춧가루로 간을 한 후 뭉근하게 졸여서 믹서에 갈아 무 퓌레를 만든다.

농어 조리하기
3. 농어는 포를 뜨듯 칼집을 넣고 소금, 후춧가루 간을 한다.

4. 버터 2큰술을 녹인 팬에 미리 만들어둔 생선육수 400밀리리터를 부어 소금, 후춧가루 간을 한 뒤 타라곤잎을 넣어 끓인 다음 믹서로 갈아 버터가 잘 엉그러지도록 육수를 만든다.
Say! 생선육수는 흰살생선뼈(500g 정도)와 양파, 당근, 대파 흰 부분, 통후추, 월계수잎을 적당량의 물에 넣고 한 시간 정도 끓여서 우려내면 돼요. 오래 끓이면 뼈 자체에 있는 젤라틴 성분이 나와서 육수 자체가 뿌옇게 될 수 있으니 주의하세요. 뼈 500그램이면 1시간 정도가 적당해요. 생선육수를 만드는 것이 번거로우면 다시마 우려낸 물을 사용하면 됩니다.

5. 4의 육수에 3의 농어를 넣고 약한 불에 6분 정도 천천히 조리한다.

된장소스 만들기
6. 올리브오일 1큰술을 두른 팬에 된장을 볶고 생선육수 200밀리리터를 넣어 끓여 된장소스를 만든다.
Say! 국산 된장은 조금 짠 편인데 살짝 볶아 주면 짠맛이 훨씬 줄 뿐 아니라 된장 안에 있는 콩 성분도 우러나와 훨씬 고소해집니다.

에다마메 볶기
7. 올리브오일 1큰술을 두른 팬에 에다마메를 소금과 후춧가루 간을 해 살짝 볶는다.
Say! 에다마메(Edamame)는 소금을 넣고 찐 일본식 완두콩으로 주로 맥주 안주로 사용돼요.

8. 볼에 5의 농어를 올리고 2의 무 퓌레를 농어가 잠길 정도로 붓는다. 그 위에 7의 에다마메와 가다랑어포를 올린 후 무순으로 장식한다. 된장소스는 따로 소스 볼에 담는다.
Say! 가츠오부시는 다랑어 종류의 생선을 얇게 썰어서 말린 거예요. 무순은 무의 싹으로 비타민과 카로틴이 풍부하고 매콤한 맛이 있어요.

Recipe 32
천천히 익힌 무와 사과 된장 퓌레, 된장 블루치즈 퓌레

SLOWLY COOKED RADISH WITH APPLE AND DOENJANG PUREE, DOENJANG AND
BLUE CHEESE PUREE, ROASTED SESAME SEEDS, WALNUT CANDY AND
SHERRY-GLAZED KUMQUATS

된장과 사랑에 빠진 사과와 블루치즈.
'사과 된장 퓌레'와 '된장 블루치즈 퓌레'가 고소한 호두와 상큼한 낑깡을 만났다!

무 조리 재료
무 50그램 | 버터 2큰술 | 물 100밀리리터

사과된장퓌레 재료
사과 1/3개 | 국산 된장 1/2큰술 | 스위트 소이소스 1/2작은술 | 물 100밀리리터

된장 블루치즈 퓌레 재료
블루치즈 20g | 미소된장 1큰술 | 물 100밀리리터

시럽 재료
버터 1/2큰술 | 호두 3~4알 | 설탕 1큰술 | 금귤 5~6개

무 조리하기

1. 무는 5센티미터 크기의 원통형으로 자른 후 올리브오일 1큰술을 두른 팬에 소금, 후춧가루 간을 해 양쪽 면이 노릇해지도록 굽는다.

Say! 무는 물기가 많으니 굽기 전에 페이퍼타월로 물기를 제거해 주세요.

2. 팬에 물 100밀리리터를 붓고 버터 2큰술과 소금, 후춧가루 간을 하 믹서로 갈아 버터물을 만든 후 1의 무를 넣어 노릇하게 익힌다.

Say! 무를 익힐 때는 뭉근한 불에서 천천히 조리를 해야 무가 뭉그러지지 않고 모양을 그대로 유지할 수 있어요.

사과된장 퓌레 만들기

3. 올리브오일 1큰술을 두른 팬에 껍질을 벗겨 듬성듬성 썬 사과와 극산 된장 1큰술을 넣어 같이 볶다가 물 100밀리리터와 스위트 소이소스를 넣어 뭉들뭉글 끓여 사과된장 퓌레를 만든다.

된장블루치즈 퓌레 만들기

4. 올리브오일 1큰술을 두른 팬에 미소된장과 블루치즈를 볶다가 물 100밀리리터를 넣고 믹서로 섞어 된장블루치즈 퓌레를 만든다.

Say! 된장과 치즈의 궁합이 어색해 보이지만 둘 다 발효식품이라서 사실은 굉장히 잘 어우러져요.

시럽 만들기

5. 버터를 녹인 팬에 호두, 설탕, 반으로 자른 금귤을 넣은 뒤 물을 약간 부어 졸여 시럽을 만든다.

접시에 담기

6. 접시 위에 사과된장 퓌레를 뿌린 후 구운 무를 올린다. 무 위에 참깨, 비트로 장식하고 된장 블루치즈 퓌레를 뿌린다. 5의 금귤과 호두도 접시에 자연스럽게 놓는다.

> **블루치즈(blue cheese)와 금귤(kumquat)**
> 블루치즈는 양젖과 우유를 푸른곰팡이로 숙성시킨 치즈예요. 금귤은 겉은 달고 안은 톡 쏘는 맛이 나는 감귤류 과일로 감기예방에 효과적입니다.

Mushroom 버섯

Edward Kwon say

"세상 사람들에게 사랑 받는 여러 가지 식재료가 있는데요, 그중에 특히 향이 좋아 사랑받는 식재료로 송로버섯을 들 수 있습니다. 최근에는 송이버섯 1킬로그램이 무려 1억 천만 원에 팔렸다고 하네요. 버섯 주제에 너무한 거 아니냐고요? 은은하게 풍기는 그 냄새를 맡아보지 않고서는 우리가 단언할 수 없겠죠. 자, 우리 식탁에도 향에 힘좀 줘 볼까 합니다. 때론 부드럽게, 때론 담백하게, 때론 바삭하게 총천연색의 맛을 내는 버섯의 화려한 변신! 지금 시작합니다."

언제가 맛있나?
모든 버섯은 10월을 전후한 가을철에 수확하여 출하하는 게 가장 맛있다.

종류에 대하여
느타리버섯 수분이 90퍼센트 이상으로 칼로리가 거의 없다. 단백질과 비타민, 미네랄이 골고루 들어 있으며 식이섬유도 풍부해 성인병 예방과 비만 치료에 좋다.
목이버섯 비타민D와 식물성 섬유를 많이 함유하여 동맥경화나 대장암 예방에 좋다. 또한 피부에 주름 잡티가 생기는 것을 막아주고 노화방지에도 효과가 있다.
송이버섯 소화를 돕는 강력한 효소가 들어 있어 버섯 중에서 가장 항암작용이 뛰어나다. 콜레스테롤 수치를 낮춰주어 고혈압 치료에도 좋다. 송이의 짝퉁 새송이버섯은 영양이나 모양 등이 송이버섯과 거의 유사하지만 송이의 솔향이 덜하다.
양송이버섯 골격 형성이 왕성한 아이들에게 더없이 좋다. 당뇨와 빈혈, 고혈압 예방과 항암 효과가 있다.
팽이버섯 비타민B₁과 D가 많아 질병 저항력을 길러 주고 신진대사를 촉진해 소화흡수가 잘 되며 피로회복을 돕는다.
표고버섯 칼슘의 흡수를 높여 뼈와 이를 튼튼하게 하고 콜레스테롤이 체내에 축적되는 것을 막아 혈압을 내려준다.
석이버섯 각혈이나 하혈 등에 지혈효과가 있다.

잘 고르기
느타리버섯 갓 모양이 온전하고 탄력이 있고 색이 연한 것, 적당한 길이에 약간 도톰한 것이 좋다.
목이버섯 크고 색이 진하고 두툼한 것을 고른다. 갓 뒷면은 갈색이며 주름이 적은 것이 좋다.
송이버섯 갓이 너무 피지 않고 둥글고 육질이 단단하며 굵은 것이 좋다. 줄기가 단단하고 통통하며 대가 짧은 것을 고른다.
양송이버섯 갓의 색깔이 희고 동글동글하며 줄기가 통통하고 갓의 안쪽이 지나치게 검은 것은 피한다. 기둥과 갓 사이가 붙어 있는 것이 좋다.
팽이버섯 갓이 작고 선명한 흰색에 줄기가 가지런해야 한다 줄기으 색이 누르스름하고 갈색기가 돌면 상했을 가능성이 크다.
표고버섯 갓이 적당히 피고 두꺼운 것을 고른다. 갓 겉면이 보송보송해야 하고 물기가 많은 것은 피한다. 기둥이 굵고 짧아야 한다. 말린 표고 중 너무 검은 것은 피한다.
석이버섯 부서진 것이나 이물질이 있는 것은 피한다.

잘 보관하기
1~5도에서 5일 정도 보관이 가능하다. 마른 행주로 표면을 닦고 기둥을 위로 해서 랩을 씌워 냉장 보관한다.
느타리버섯 물기를 없앤 다음 랩이나 비닐에 싸서 냉장 보관한다.
목이버섯 미지근한 물에 불려서 서로 붙어 있는 것을 낱낱이 뗀다.
송이버섯 물로 씻거나 공기 중에 오래 두면 풍미가 떨어지니 바로 조리해서 먹는다. 랩에 싸서 냉동 보관하면 5~7일은 신선도가 유지된다. 해동시에는 소금물에 잠깐 담갔다 해동한다.
양송이버섯 씻지 말고 물기 없이 신문지에 싸서 금방 먹을 것은 냉장하고 오래 둘 것은 냉동한다.
팽이버섯 포장째 보관하는 것이 좋다. 요리에 쓰고 남은 것은 물기를 제거하고 랩에 싸서 냉장 보관하는데 2일 이상 지나면 신선도가 떨어진다.
표고버섯 오래 보관하면 맛과 향이 날아간다. 장기 보관하려면 햇볕에 3~4일 말린다. 생표고는 비닐팩이나 신문지에 싸서 냉동 보관한다.
석이버섯 미지근한 물에서 불린다. 충분히 불린 뒤 칼등으로 긁어서 막을 벗긴다.

버섯 수프와 코코넛에 졸인 사과

너트매그를 곁들인 감자와 버섯 파베

Recipe 33
버섯 수프와 코코넛에 졸인 사과
MUSHROOM SOUP WITH APPLES BOILED DOWN IN COCONUTS

바삭한 식감이 너무나 매력적인 보리튀김과 부드러운 버섯수프!
그 위에 마법처럼 뿌려지는 지상에서 가장 매혹적인 송로버섯의 향!

주재료
송로버섯 1개

버섯 수프 재료
다양한 버섯(양송이버섯, 느타리버섯, 표고버섯, 팽이버섯, 새송이버섯) 200그램
마늘 1쪽 | 양파 1/4개 | 우유 700밀리리터 | 생크림 200밀리리터 | 버터 1큰술

코코넛에 졸인 사과 재료
사과 1개 | 버터 2큰술 | 다진 양파 1작은술 | 다진 레몬그라스 1작은술
코코넛밀크 1/2컵 | 물 1컵

장식용 재료
보리쌀 | 비트잎

버섯 수프 만들기

1. 버터를 두른 팬에 다진 마늘과 다진 양파를 넣어 볶은 후 듬성듬성 썬 다양한 버섯을 넣어 함께 볶는다.

2. 버섯이 익으면 우유 700밀리리터와 생크림 200밀리리터를 넣어 끓인 후 소금, 후춧가루 간을 해 블랜더에 넣고 갈아 버섯 수프를 만든다.

Say! 버섯 요리를 할 때는 팬이 충분히 달궈진 후에 하세요.

송로버섯 가루내기

3. 송로버섯은 얇게 저며 180도의 오븐에서 4분간 조리한 후 핫박스에 2시간 정도 두어 바삭하게 만든다. 이를 믹서에 넣고 체에 밭쳐 가루로 만든다.

Say! 송로버섯은 세계 3대 진미 중 하나로 특유의 향미와 극도의 덜얼한 맛이 있어 수프와 각종 요리에 갈아서 사용합니다.

코코넛에 사과 졸이기

4. 사과는 새끼손가락 크기로 자른다. 버터 2큰술을 녹인 팬에 자른 사과와 다진 양파 얇게 다진 레몬그라스를 넣고 볶다가 코코넛밀크와 물을 살짝 넣고 둥근하게 끓인다. 기름종이 가운데를 십자모양으로 자른 후 위를 덮어준다.

Say! 양파는 사과의 풍미가 훨씬 우러나게 하는 촉진제 역할을 합니다. 구멍을 낸 기름종이로 덮어주면 내용물이 끓지 않으면서도 증기가 우쪽으로 빠져나가 사과가 코코넛크림을 그대로 흡수하게 됩니다.

마무리하기

5. 보리쌀은 180도 정도의 기름에 1분30초 정도 튀긴다.

Say! 오븐에 넣어서 바삭하게 말려도 돼요.

6. 버섯 수프는 체에 밭쳐 볼에 담고 위에 3의 송로버섯가루를 뿌린다. 코코넛밀크에 졸인 사과를 접시에 담고 그 위에 튀긴 보리쌀, 비트잎으로 장식한다.

Recipe 34
너트매그를 곁들인 감자와 버섯 파베
POTATOES WITH NUTMEG AND MUSHROOM PAVE

얇게 저며 구워낸 바삭한 감자와 향긋한 버섯이 탄생시킨 버섯 파베!
이들의 운명적인 만남을 축복하는 부드러운 가지크림까지 곁들여진다.

파베 재료
새송이버섯 3개 | 감자 1개 | 너그매트 약간

가지크림 재료
양파 1/2개 | 가지 1개 | 우유 350밀리리터 | 생크림 2큰술 | 후춧가루 약간

차이브오일 재료
차이브(실파) 약간 | 올리브오일 약간

토마토 콩퓌 재료
체리토마토 10개 | 타임 약간

팬세타 구이 재료
팬세타 100그램

장식용 재료
아몬드 | 식용꽃

파베 만들기

1. 슬라이스한 감자와 더욱 얇게 슬라이스한 버섯에 너트매그, 소금, 후춧가루로 간을 한다.

Say! 너트매그(nutmeg)은 서양에서는 향신료의 일종이고 동양에서는 육두구라 불리며 한약재로 쓰여요.

2. 팬에 기름종이를 놓은 후 그 위에 슬라이스한 감자와 버섯을 층층이 올린다. 이를 오븐에 넣어 180도에서 20분 구운 후 90도에서 2시간 조리해 파베를 만든다.

Say! 파베는 프랑스어로 빈 공간 없이 촘촘히 채운다는 의미로 사각형으로 만들어지는 요리의 기법 및 명칭이에요. 파베와 그라탱의 차이는 파베는 재료 자체에 압력을 가해 자연스럽게 엉겨 붙도록 한 것이고 그라탱은 생크림이나 달걀, 파르메산치즈 같은 것을 이용해 인위적으로 재료를 엉기게 한 것이죠. 기름종이를 사용하면 감자가 팬에 들러붙는 것을 막을 수 있어요.

가지크림과 차이브오일 만들기

3. 올리브오일 1큰술을 두른 팬에 채썬 양파와 껍질을 벗기고 듬성듬성 자른 가지를 볶는다. 어느 정도 익으면 우유, 생크림, 후춧가루를 약간 넣어 뭉근하게 끓인 후 블랜더에 갈아 가지크림을 만든다.

4. 차이브는 뜨거운 물에 살짝 담갔다 뺀 후 블랜더에 올리브오일과 함께 갈아 차이브오일을 만든다.

팬세타 굽기

5. 팬세타는 슬라이스해서 팬에 기름종이를 깔고 올려 오븐 185도에서 30분간 굽는다.

Say! 펜세타(pancetta)는 둥글게 돌돌 말려 있는 고기햄으로 베이컨과도 비슷하죠.

토마토 콩피 만들기

6. 체리토마토는 껍질을 벗겨 올리브오일을 바르고 소금, 후춧가루 간을 한 다음 타임을 뿌려서 오븐에 구워 토마토 콩피를 만든다.

Say! 콩피(confit)는 고기를 기름에 재워 낮은 온도에서 오랫동안 익히는 방법을 말하는데 여기서는 고기 대신 토마토로 콩피를 만들어요. 토마토 껍질을 벗길 때는 뜨거운 물에 살짝 데친 후 바로 얼음물에 담그면 쉽게 벗겨져요.

마무리하기

7. 올리브오일 2큰술을 두른 팬에 2의 파베를 노릇하게 굽는다.

8. 접시에 4의 차이브오일(실파 기름)을 뿌리고 5의 팬세타와 6의 토마토 콩피를 적당히 올린다. 7의 파베도 접시에 올리고 3의 가지크림을 얹는다. 아몬드와 식용꽃으로 장식한다.

프랑스 음식에 관한 짧은 지식 Ⅲ
프랑스 식사 매너에 관한 지식

프랑스 식사는 보통 아페리티프(식전주), 오르되브르, 샐러드, 수프, 푸아송(생선), 비앙드(육류), 프로마주(치즈), 데세르(디저트), 식후주, 커피순으로 나오는데 식사시간이 매우 길다. 레스토랑에서 요리를 선택할 때 반드시 이런 코스에 따를 필요는 없지만 상황에 맞게 프랑스 음식매너를 지켜 준다면 아주 즐겁게 식사를 즐길 수 있을 것이다.

식사 전 : 주인은 아페리티프 (aperitif) 즉 식전주를 권한다. 식사 중에도 술이 나오긴 하지만 보통 식사를 시작하기 전에 식욕 촉진제로 술을 권한다. 준비된 술의 종류를 주인이 말해 주므로 원하는 술을 골라 마시면 되는데 두 번째 잔은 다른 것으로 마셔도 되지만 더 이상은 마시지 않는 것이 좋고 안주도 주인이 권할 때 먹는다. 프랑스에선 음식을 남기는 것이 미덕이 아니다. 또한 계속 "맛있다~"라고 말해 주어야 주인이 신난다.

냅킨(napkin) : 냅킨은 요리가 나오기 시작할 때 펴서 이등분하여 접은 후 무릎에 놓고 커피를 마실 때까지 무릎에 둔다. 식사가 끝나면 접시 왼쪽에 가볍게 접어둔다 식사가 끝나기 전에 냅킨을 식탁에 올려놓는 것은 요리가 맛이 없다는 표시가 되는 것. 입을 닦을 때는 냅킨의 안쪽을 사용한다. 안주인이 식사를 시작하면 손님이 시작하고 모든 사람이 끝날 때까지 식사를 한다. 양손은 늘 테이블 위에 올라와 있어야 한다.

포크와 나이프(fork & knife) : 포크와 나이프는 요리가 나올 때마다 바깥쪽부터 좌우한 개씩을 사용한다. 한번 사용한 것은 접시 위에 가지런히 올려 놓는다. 사용 중인 포크는 아래를 향하게 하고 나이프는 칼날 부분이 아래로 향하게 하여 팔(八)자로 걸쳐놓고 식사가 끝나면 포크는 위를 향하게 하고 나이프의 칼날을 안쪽으로 향하게 해서 접시 중앙의 오른편에 나란히 놓는다. 손에 쥔 포크와 나이프를 세우지 않도록 해야 하며 떨어뜨리면 줍지 말고 새 것을 부탁한다.

빵(bread) : 보통 빵은 수프와 샐러드 나올 때 같이 먹기 시작하는데 수프를 먹고 나서 먹는 것이 좋다. 빵은 코스 사이에 입맛을 새롭게 하기 위해 먹는 용도이기 때문에 수프를 먹

고 나서 디저트를 먹기 전까지 계속 함께한다. 칼을 사용하지 않고 손으로 떼어 먹는다.

오르되브르(hors d'oeuvres) : 샐러리, 파슬리, 양파, 당근, 카나페 등은 손으로 먹는다. 어설프게 도구를 사용할 경우 음식을 지저분하게 만들 수 있다. 생굴이 나올 경우 왼손으로 껍질을 잡고 한쪽 혹은 양쪽 폭이 넓고 칼날로 되어있는 오이스터 포크(oyster fork)의 칼날로 관자를 잘라 먹고 껍질에 남아있는 굴즙은 입을 대고 쭈 마시면 된다. 샐러드는 포크만 이용해서 먹는다.

수프(soup) : 수프용 스푼은 중간에서 조금 위쪽을 볼펜 잡듯이 잡고 먹는다. 자신의 바깥쪽에서 안쪽으로 떠서 마시는 것이 수프를 중간에 흘리더라도 가장자리에 묻지 않게 할 수 있다.

푸아송(fish) : 생선요리는 뒤집지 않는다. 윗면의 살을 먹은 다음 뼈를 발라내고 나머지 부분을 먹는다. 생선요리 위에 놓여있는 레몬은 포크로 고정한 후 나이프의 넓은 면으로 살짝 눌러 즙을 내고 남은 레몬은 접시 한쪽에 둔다. 손으로 짤 때에는 오른손으로 짜는데 왼손은 즙이 튀는 것을 막는 역할을 해야 한다. 생선은 가운데 부분을 길게 잘라 자신의 몸쪽에 있는 부분을 먼저 먹고 바깥쪽에 있는 부분을 다음에 먹는다.

비앙드(meat) : 보통 rare(4분), medium(7분), welldone(10분)으로 구분해 취향대로 주문하는데 송아지고기와 돼지고기는 Welldone으로만 준비된다. 주인의 허락없이 닭고기를 손가락으로 쥐고 먹지 않는다.

핑거보울(finger bowl) : 후식이 제공되기 전에 핑거보울이 나오는 경우는 손가락을 서너 개씩 물에 담갔다가 냅킨으로 닦는다. 핑거보울에는 양손을 넣지 않는다.

데세르(dessert) : 다과를 먹을 때는 입으로 베어 먹지 말고 한입 크기로 잘라 먹는다. 물기가 많은 과일은 스푼으로 떠서 먹는다.

Chapter 4
Winter&Anytim

Cauliflower 콜리플라워

Edward Kwon say

"콜리플라워를 보면 너무나도 그 자태가 탐스럽고 뽀얀 색깔이 매혹적인 것 같아요. 콜리플라워는 비타민의 여왕이라고 하죠? 그래서 「타임」지에도 노화방지 식품으로 선정되고, 여성들의 다이어트에도 특히 좋다고 하는데 제가 봤을 때는 저도 좀 필요하지 않을까 하는 생각이 드네요. 저는 이 콜리플라워를 가지고 두 가지 요리를 할 겁니다. 팬에 구운 가리비, 그리고 또 다른 하나는 카레향 그윽한 콜리플라워수프예요. 콜리플라워를 손질할 때는 잎사귀 부분은 그다지 크게 사용되는 부분이 없어서 버려도 좋습니다."

간단히 설명하자면
콜리플라워는 브로콜리와 모양도 비슷하고 맛이나 쓰임새도 비슷하지만 희소성 때문에 값은 더 비싸다. 흔히 보는 콜리플라워는 브로콜리보다 꽃송이가 작고 단단하며 순백색이나 희미한 연두색을 띤다. 하지만 유럽에서는 자주색이나 주황색 콜리플라워도 흔하다. 11월에서 2월에 가장 맛있다.

영양에 관하여
비타민C가 풍부해 위를 보호하고 암을 예방한다. 콜리플라워를 일주일에 한 번 이상 먹는 사람은 거의 먹지 않는 사람에 비해 위암 위험이 무려 52퍼센트나 낮다는 보고도 있다. 일반적으로 비타민C는 가열하면 쉽게 파괴되지만 콜리플라워의 비타민C는 가열해도 쉽게 손실되지 않으니 생으로 먹어도 좋고 익혀 먹어도 좋다. 꽃봉오리보다는 줄기에 영양이 더 많다.

잘 고르기
봉오리는 중간 부분이 볼록하고 빈틈없이 빽빽해서 손으로 눌러도 탄력이 있는 것이 신선하다.
지름 15센티미터 전후 되는 크기가 가장 맛이 좋고 쓰기에도 편하다.
군데군데 변색되었거나 봉오리가 벌어져 빈틈이 보이는 것, 줄기가 말랐거나 마른 잎이 붙어 있는 것은 오래된 것이다.

잘 보관하기
브로콜리보다 맛이 쉽게 변하므로 구입 즉시 끓는물에 살짝 데친 뒤 찬물에 헹군 다음 비닐봉지에 담아 냉동시키거나 냉장시켜 두고 먹어야 한다. 데칠 때는 끓는 물에 소금, 밀가루를 조금 풀고 식초나 레몬즙을 조금 넣는다.

잘 손질하기
굵은 줄기의 껍질을 얇게 벗기고 작은 봉오리들을 하나씩 떼어낸 후 흐르는 물에 씻는다.
줄기도 물에 씻은 뒤 작은 봉오리 크기에 맞추어 자른다.
데칠 때 생기는 거품을 방치하면 흰 꽃 부분에 얼룩이 생기므로 거품을 잘 걷어내야 한다.

팬에 구운 가리비와 콜리플라워 퓌레

사프란소스로 구운 홍합과 커리향 가득한 콜리플라워 수프

Recipe 35
팬에 구운 가리비와 콜리플라워 퓌레
PAN-FRIED SCALLOPS WITH CAULIFLOWER PUREE

육질의 쫄깃함을 그대로 느낄 수 있는 싱싱한 가리비와
맛의 풍부함을 살려주는 콜리플라워 퓌레와 완벽한 조합!

콜리플라워 퓌레 재료
콜리플라워 150그램 | 양파 1/2개 | 버터 1큰술
우유 350밀리리터 | 생크림 50밀리리터

레몬 시럽 재료
레몬 4쪽 | 설탕 100그램 | 물 100밀리리터

가리비&빵가루 구이 재료
가리비 6개 | 파라곤잎 2개 | 빵가루 30그램

장식용 재료
발사믹식초

콜리플라워 퓌레 만들기

1. 콜리플라워는 잎을 떼고 손질한 후 듬성듬성 자른다. 양파도 채썰 듯 듬성듬성 다듬는다.

2. 올리브오일과 버터를 두른 팬에 먼저 양파를 볶은 후 콜리플라워를 넣어 하얀 색깔이 변하지 않을 정도로 함께 볶는다.

3. 볶은 콜리플라워에 우유와 생크림을 넣어 뭉근하게 끓인다. 어느 정도 끓으면 믹서에 갈아 콜리플라워 퓌레를 만든다.

레몬 시럽 만들기

4. 레몬은 두께 0.5센티미터로 썰어 소금, 후춧가루 간을 한 후 갈색이 날 정도로 굽는다. 설탕과 물을 섞어 끓여 시럽을 만든 후 구운 레몬을 시럽과 함께 보글보글 끓이다가 불을 줄여 뭉근하게 끓인다.

Say! 레몬은 산성이 강해서 생선요리나 갑각류 요리에 사용하면 입에 남아 있는 끈적거림을 한번에 씻어주는 작용을 하지요.

가리비와 빵가루 굽기

5. 가리비는 소금, 후춧가루 간을 한 후 달궈진 팬에 미디움 정도로 노릇노릇하게 굽다가 파라곤잎 두 개 정도 떼어서 파라곤향이 가리비에 스미도록 한다.

Say! 가리비는 근육 부분을 떼지 않으면 껌처럼 질겨질 수 있어요. 그래서 모든 요리를 할 때 특히 관자요리를 할 때는 근육 부분은 제거해야 해요. 그리고 가리비를 구울 때는 항상 미디엄으로 구워야 합니다.

6. 빵가루 30그램은 올리브오일 3큰술을 두른 팬에서 노릇하게 굽는다.

접시에 담기

7. 3의 콜리플라워 퓌레를 뚝뚝 떨어뜨린다는 느낌으로 접시에 얹고 퓌레 위에 가리비를 얹은 후 발사믹식초로 장식한다.

8. 졸인 레몬도 접시 위에 올린 뒤 접시 전체에 빵가루를 뿌린다. 블랜더를 사용해 퓌레의 거품을 만들어 거품만 살짝 가리비 위에 올린다.

Say! 퓌레 거품은 조금만 올리세요! 너무 많이 올리면 콜라플라워 퓌레의 맛을 줄일 수 있거든요.

Recipe 36
사프란소스로 구운 홍합과 커리향 가득한 콜리플라워 수프
MUSSELS FRIED WITH SAFFRON SAUCE AND CURRY-SCENTED CAULIFLOWER SOUP

홍합 에멀전으로 속을 채운 영양 만점의 토스트와
매콤한 커리와 싱싱한 콜리플라워가 선보이는 환상적인 퓌레!

홍합 조리재료
홍합 10개 | 샬롯 1/4개 | 마늘 2~3쪽 | 화이트와인 100밀리리터
샤프란 1큰술 | 생크림 300밀리리터

크림수프 재료
콜리플라워 150그램 | 샬롯 1/4개 | 버터 1큰술 | 우유 600밀리리터
생크림 150밀리리터 | 커리파우더 약간

크로스티니 재료
바게트 빵 조금

장식용 재료
그린비타민 | 새순

홍합 조리하기

1. 올리브오일로 달군 팬에 채썬 샬롯 1/4개, 저민 마늘, 손질된 홍합, 화이트와인을 함께 볶다가 사프란, 생크림 300밀리리터를 부어 뭉근하게 졸인다. 샤프란기 노란색이 될 때까지 졸인다.

Say! 홍합요리를 할 때 화이트와인을 사용하면 잡냄새를 없애는 데 효과적이지요.

크림수프 만들기

2. 버터 1큰술을 두른 팬에 듬성듬성 자른 콜리플라워와 샬롯 1/4개를 볶은 후 우유, 생크림, 커리파우더를 넣어 끓여 크림수프를 만든다. 다 끓인 수프는 고운 체에 걸러 볼에 담는다.

Say! 크림수프는 우유와크림 양이 4 : 1정도 되는 게 공식이에요. 우유가 없을 땐 물을 사용하세요.

크로스티니 만들기

3. 바게트 빵을 1센티미터 두께로 잘라 올리브오일과 소금과 후춧가루를 뿌린 뒤 포일에 말아 트위스트 모양으로 만든 후 165도의 오븐에서 한쪽 면당 10분씩 구워 크로스티니를 만든다.

Say! 크로스티니는 작게 자른 빵에 오일과 간을 한 후 오븐에 구워낸 요리를 말합니다. 이탈리아 말로 '작은 토스트'라는 뜻이죠.

접시에 담기

4. 졸인 홍합은 껍질을 벗긴 후 알맹이만 접시에 가지런히 두고 그 위에 크로스티니를 올린 후 남은 1의 샤프란소스를 뿌린다. 그린비타민, 새순으로 장식한다.

크로스티니(crostini) 쉽게 만드는 요령

크로스티니를 만들 때 칼을 사용해 빵을 얇게 써는 게 힘들기 때문에 잠시 냉동실에 넣어 얼었다는 느낌이 들 때 잘라 주면 한결 수월해요. 이를 오븐에 넣을 때는 포일을 4번 정도 접어서 그 위에 크로스티니를 올린 후 양끝 부분을 말아서 꽈배기처럼 만드는 게 요령이에요. 이처럼 오븐에서 빵을 구울 때는 코일을 사용해 원하는 모양을 만들 수 있답니다.

Carrot 당근

Edward Kwon say

"당근에는 몸에 흡수되면 비타민A로 바뀌는 속성이 있는 베타카로틴이라는 성분이 많아서 눈에 아주 좋다고 하니까 당근 많이 드시도록 하세요. 알다시피 베타카로틴은 당근껍질에 상당히 많아요. 그래서 씻어서 준비할 때 너무 박박 문지르면 영양소를 많이 잃을 수 있으니 살짝만 문질러 주세요. 그리고 당근을 볶을 때 버터에 볶아 보세요. 단맛이 훨씬 더 많이 우러나옵니다."

언제가 맛있나?
12월부터 이듬해 2월까지가 제철이다.

영양에 관하여
채소 중에서 비타민A가 많은 것으로 알려져 있으며 비교적 영양가가 높은 채소다. 붉고 노란 색소는 카로틴인데 체내에 들어가면 비타민A로 바뀐다. 이는 면역력을 키우는 효과가 있다. 비타민B, C와 철분도 풍부해 감기와 잔병치레 예방에 탁월하며 식물성 섬유가 다량 함유되어 있어 장을 튼튼하게 만들어 주는 정장작용을 한다. 다른 채소와 비교해 칼로리는 있는 편이라 다이어트 식단에는 그리 좋지 않다. 삶거나 갈아도 영양소 파괴가 적어 수프나 주스에 많이 이용된다. 겉 껍질에 영양소가 있어 깨끗이 씻어 껍질째 쓰면 좋다. 식초를 넣으면 베타카로틴이 파괴된다.

잘 고르기
색이 일정하고 진한 광택을 띠며 표면이 매끄럽고 형태가 바른 것이 좋다.
껍질이 건조하지 않은 것이 신선하다.
푸른 부분이 많은 것은 햇볕을 많이 받아 단맛이 적고 심도 굵어 요리하기에 불편하다. 또 너무 큰 것은 섬유질이 거세기 때문에 좋지 않다.

잘 손질하기
잔뿌리를 잘라 내고 흐르는 물에 표면에 묻은 흙을 깨끗이 씻는다. 끝부분은 2센티미터 정도 잘라 낸다. 떫은맛이 나는 껍질은 벗긴 뒤 조리하는 것이 좋으나 카로틴 성분이 껍질에 많으므로 얇게 벗겨낸다.

잘 보관하기
흙이 묻는 채로 신문지에 싸서 보관하거나 껍질을 벗기고 깨끗이 씻은 뒤 키친타월 등으로 물기를 완전히 제거한 후 랩에 싸서 냉장 보관한다.
장기간 보관할 때는 끓는 물에 살짝 데친 후 사방 1센티미터 크기로 썰어 지퍼백이나 밀폐용기에 넣어 둔다.

싱싱한 대하와 배 거품을 얹은 당근

계피에 졸인 당근과 어우러진 생강 크림수프

Recipe 37
싱싱한 대하와 배 거품을 얹은 당근
FRESH PRAWNS WITH CARROTS TOPPED WITH PEAR FOAM

싱싱한 대하와 카다몸향 듬뿍 머금은 당근이 구름처럼 푹신한 배 거품과
향기만으로도 행복한 헤이즐넛향을 만났다!

당근 퓌레 재료
당근 150그램 | 양파 20~30그램 | 버터 1큰술 | 우유 100밀리리터
생크림 50밀리리터 | 카다몸 조금

배 거품 재료
배 1조각 | 우유 100밀리리터

대하 구이재료
대하 3마리 | 타라곤잎 3장 | 화이트와인 약간 | 버터 1큰술

장식용 재료
처빌 퓌레 약간 | 헤이즐넛 | 샐러리

당근 퓌레 만들기

1. 당근과 양파는 채썬 후 올리브오일 2큰술, 버터 1큰술을 두른 팬에 볶는다.

2. 볶은 후 우유, 생크림, 카다몸을 넣고 소금, 후춧가루 간을 해서 끓이는데 한번 끓으면 불을 줄여 당근이 익을 때까지 뭉근하게 끓이다가 핸드믹서에 갈아 당근 퓌레를 만든다.

Say! 당근을 믹서에 갈 때는 시간이 조금 오래 걸린다 싶을 정도로 부드럽게 갈아 줘야 해요. 카다몸(Cardamom)은 달콤하고 짜릿한 레몬향의 식굴이에요. 주로 음식에 넣는 향신료로 사용되는데 서양에서는 향수나 소화제로도 사용됩니다.

배 거품 만들기

3. 배는 껍질을 벗겨 채썰어 올리브오일을 두른 팬에 약한 불에서 볶다가 우유를 넣고 소금, 후춧가루 간을 한다. 우유가 끓어오르면 핸드믹서에 갈아 배 거품을 만든다.

대하 굽기

4. 대하는 껍질을 벗긴 후 소금, 후춧가루 간을 한다. 올리브오일 2큰술을 두른 팬에 손질한 대하와 타라곤잎을 넣어 함께 굽다가 화이트와인과 버터 넣고 바로 불을 끈 후 휴지시킨다.

접시에 담기

5. 구운 대하와 타라곤을 함께 접시에 올리고 처빌 퓌레와 당근 퓌레를 자유롭게 얹는다. 헤이즐넛과 샐러리로 장식하고 올리브오일로 마무리한다.

Say! 처빌(chervil)은 파슬리와 비슷한 허브의 한 종류로 처빌 퓌레는 쉽게 만들 수 있어요.

갑각류 구울 때 잊지 마세요

갑각류가 익었는지 구분하는 방법은 한쪽 면이 구워지면 발그스름하게 올라오니 이를 확인하면 돼요. 표면의 3분의 1 정도 올라오면 거의 대부분 익은 거라고 보면 되죠. 모든 육류와 생선류, 갑각류는 구울 때 반드시 휴지시켜 주세요. 팬 자체가 달궈있기 때문에 그 열로 천천히 익으면서 육즙 자체를 그대로 안고 있어 상당히 부드러운 질감을 맛볼 수 있기 때문예요. 또 두 번 이상 뒤집지 말 것! 한번에 뒤집어서 육즙을 머금게 해야 맛있습니다.

Recipe 38
계피에 졸인 당근과 어우러진 생강 크림수프
GINGER CREAM SOUP WITH CARROTS BOILED DOWN IN CINNAMON

당근의 깔끔함과 생강의 톡 쏘는 향이 입안 가득 퍼지는
풍부한 맛의 크림 탄생!

야채육수 재료
물 500밀리리터 | 양파 1/4개
당근 1/6개 | 대파 흰 부분 조금

배 거품 재료
배 1조각 | 우유 100밀리리터

생강 수프 재료
생강 약간 | 당근 100그램 | 양파 1/4개 | 버터 1큰술
우유 200밀리리터 | 야채육수 200밀리리터
메이플시럽 1/2작은술

당근조림 재료
당근 1/2개 | 메이플시럽 3큰술
통계피 약간 | 정향 2개

장식용 재료
정향 | 시금치

야채육수 만들기
1. 물, 양파, 당근, 흰 부분만 자른 대파를 모두 40분간 끓여 야채 육수를 만든다.

배 거품 만들기
2. 배의 껍질을 벗겨 채썰고 올리브오일 1큰술을 두른 팬에서 약한 불에 볶는다. 우유를 넣고 소금, 후춧가루 간을 한 후 우유가 끓어오르면 믹서에 갈아 배 거품을 만든다.

생강수프 만들기
3. 올리브오일 2큰술과 버터 1큰술을 두른 팬에 얇게 자른 당근, 채썬 양파, 저민 생강을 함께 볶는다.

Say! 생강은 너무 많이 넣으면 향이 너무 강하기 때문에 아주 살짝 향만 낸다는 기분으로 넣어요.

4. 3의 당근이 볶아지면 우유, 1의 야채육수, 메이플시럽을 넣고 소금간만 해서 끓인 뒤 믹서에 갈아 생강 수프를 만든다.

당근조림 만들기
5. 당근 1/2개로 70퍼센트 정도 익혀서 3센티미터 크기로 자른 다음 타원형 스쿱으로 파 기둥 모양을 만든다.

6. 달군 팬에 메이플시럽을 두르고 시럽이 끓으면 통계피, 정향, 자른 당근을 넣고 졸인다.

접시에 담기
7. 생강 크림수프는 체에 걸러 볼에 담고 시럽에 졸여둔 당근은 접시에 올린다. 시금치와 정향으로 장식하고 배 거품을 뿌려 마무리한다.

> **시럽에 졸이는 당근은 70퍼센트만 익혀요**
> 일단 당근이 70퍼센트 익힌 후 기둥 모양으로 잘라야 합니다. 당근이 70퍼센트 정도 익은 걸 쉽게 알아보는 방법은 이쑤시개로 푹 찔렀을 때 딱 들어가다가 순간적으로 막힌다는 느낌이 들 때인데요. 이 정도만 익히는 이유는 당근을 먹을 때 어느 정도 씹히는 식감이 있어야 하기 때문이죠. 나머지 30퍼센트는 요리할 때 팬에서 익히면 되는 거죠. 미리 100퍼센트를 익혀 버리면 요리를 할 때 당근이 다 푹 퍼져 식감이 전혀 살지 못한답니다.

Pumpkin 호박

Edward Kwon say

"호박을 가만히 보면 참으로 탐스럽고 귀엽기만 한데 왜 우리는 못생긴 사람을 가지고 호박같이 생겼다라고 이야기하는지 잘 모르겠어요. 호박이 몸에 좋잖아요. 당뇨병 치료되죠. 암 예방되죠. 거기다 다이어트에도 좋은데……. 근데 왜 우리는 이렇게 호박을 홀대하는지. 이번엔 호박의 억울함을 한방에 날려버릴 그런 근사한 요리를 만들어 보겠습니다."

종류에 대하여

애호박 덜 자란 어린 호박으로 우리나라 토종 호박이다. 녹색을 띠며 소화흡수가 잘되고 치매예방과 두뇌개발에 효능이 있다. 찌개, 전, 볶음, 무침, 나물 등 쓰임새가 다양하다. 애호박을 더욱 숙성시키면 늙은 호박이 된다.

단호박 쪄서 먹거나 건강식으로 먹는 서양계 호박으로 맛이 밤처럼 달아 밤호박이라고도 한다. 호박 중에서 전분과 미네랄과 비타민의 함량이 높다. 비장의 기능을 돕고 식욕을 증진시키기 때문에 비장이 약한 사람에게 좋지만 소화되는데 걸리는 시간이 길어 뱃속에 가스가 잘 차는 사람이나 만성 위장장애가 있는 사람은 피하는 것이 좋다.

늙은 호박 호박이 익으면 노랗게 변하면서 베타카로틴의 함량이 증가한다. 늙은 호박의 베타카로틴의 함량은 애호박보다 4.7배가량 많고 칼슘과 철의 양도 두 배가량 더 들어 있다. 예부터 늙은 호박은 기운을 북돋아 주고 이뇨작용과 부종에 효과가 있다고 전해온다. 꾸준히 먹으면 폐암의 위험을 절반으로 줄일 수 있다.

영양에 관하여

품종에 따라 당도의 차이는 있지만 호박 특유의 단맛은 당질 때문이다. 이 당질은 소화가 잘 되기 때문에 회복기 환자나 위장이 약한 사람에게 좋고 당뇨병에도 효과적이다. 익을수록 당질과 비타민E, 베타카로틴의 함량이 더 높다. 또한 비타민, 칼슘, 무기질 등이 골고루 들어 있어 산후부종이나 비만 해소에도 도움이 된다. 불면증에 호박을 삶아 먹으면 효과가 있다.

잘 고르기

애호박은 연두색이면서 작고 윤기가 흐르며 꼭지가 마르지 않은 것이 좋다. 꼭지 주변이 들어가 있고 크기에 비하여 무거운 것일수록 맛이 좋다. 잘랐을 때 씨가 너무 크거나 누렇게 들뜬 것은 오래된 것이며 손으로 눌러 보아 탄력이 없는 것은 바람이 든 것이다.

단호박은 무겁고 밝은 색을 고른다. 두드려 보았을 때 속이 빈 소리가 나는 것이 좋은 호박이다. 잘라진 호박을 살 경우에는 호박 속이 진한 황색에 촉촉하며 씨가 차 있고 잘 포장된 것을 고른다.

늙은 호박은 노란색이 진하게 도는 것이 좋으며 꼭지가 들어가 있는 것이 더 달다. 둥글게 잘 생긴 모양이 좋고 윤기가 흐르면서 표면에 하얀 가루가 많이 묻어 있을수록 잘 익은 것이다.

잘 보관하기

쓰다 남은 애호박은 랩에 싸서 냉장실에 넣어둔다. 여름에 수확한 애호박은 얇게 썰어 말리면 겨울에 호박고지나물로 먹을 수 있다.

단호박은 환풍이 잘 되는 곳에 두되 얼지 않도록 주의한다. 장기간 보관하려면 미리 반으로 갈라 씨를 빼고 요리에 따라 넣을 수 있도록 적당하게 일부는 껍질을 까서 깍둑썰기로, 일부는 길죽하니 썰어서 냉동 보관한다.

늙은 호박은 호박 꼭지 부분을 위로 오게 하고 밑에 신문지 등으로 똬리를 만들어 받치면 1년은 보관할 수 있다.

호박으로 속을 채운 닭고기와 초콜릿소스

샬롯 피클과 어우러진 호박 크림 수프

Recipe 39
호박으로 속을 채운 닭고기와 초콜릿소스
CHICKEN STUFFED WITH PUMPKIN AND CHOCOLATE SAUCE

담백한 닭다리살을 꽉 채운 메이플시럽에 졸인 호박
그 위에 뿌려지는 달콤쌉싸름한 초콜릿 소스!

닭가슴살 요리 재료
닭가슴살 180그램 | 로즈마리 약간 | 마늘 약간

닭다리살 요리 재료
뼈 없는 닭다리살 60~70그램 | 단호박 50그램 | 버터 1큰술 | 계피가루 약간
잣 약간 | 메이플시럽 1큰술 | 차이브 1/2작은술

초콜릿소스 재료
다크초콜릿 50그램 | 샬롯 1/2개 | 마늘 1쪽 | 참깨 1큰술 | 마른 고추 3센티미터식빵 20~30그램 | 물 1컵

장식용 재료
시금치 | 비트잎

닭고기 요리하게

1. 닭가슴살은 소금, 후춧가루, 마늘, 로즈마리를 넣어 마리네이드한다.

Say! 마리네이드란 고기나 생선을 줄이기 전에 맛을 들이거나 부드럽게 하기 위해 하는 것이에요. 로즈마리향과 닭고기는 서로 어우러져 근사한 맛을 내는 찰떡궁합이랍니다.

2. 단호박은 껍질을 벗겨 1센티미터 정도의 정사각형 모양으로 잘게 자른다. 올리브오일과 버터 1큰술을 두른 팬에 자른 호박을 볶다가 계피가루, 잣, 메이플시럽을 넣고 익힌다.

Say! 단단한 호박껍질을 벗길 때는 반대편을 타월로 잡고 벗기면 훨씬 편하고 안전해요.

3. 2의 익힌 호박에 잘게 썬 차이브, 소금, 후춧가루와 함께 잘 버무린 후 닭다리살 속에 넣고 말아서 실로 묶는다.

4. 올리브오일을 두른 팬에 1의 닭가슴살과 3의 닭다리살을 노릇하게 굽고 소금, 후춧가루로 간을 맞춘다. 구운 닭다리살은 소금, 후춧가루, 버터를 바른 오븐 팬에 올려 165도 오븐에서 12분간 익힌 후 휴지한다.

초콜릿소스 만들기

5. 샬롯과 마늘은 채썬다. 올리브오일 2큰술을 두른 팬에 채썬 샬롯과 마늘을 넣고 볶은 후 어느 정도 익으면 참깨 1큰술을 함께 넣어 볶다가 참깨가 노릇해지면 마른 고추와 다크초콜릿을 함께 볶는다.

Say! 초콜릿소스는 몰레 소스(Mole sauce)를 응용한 것이에요.

6. 6에 식빵과 물을 첨가해 식빵이 뭉글뭉글 녹도록 뭉근하게 끓인 뒤 믹서에 갈아 초콜릿 소스를 만든다.

Say! 초콜릿 소스를 만들 때 식빵을 넣어주는 건 걸쭉한 농도의 질감을 위해서죠.

접시에 담기

7. 초콜릿소스를 가는 체에 걸러 낸다. 닭가슴살은 어슷썰어 접시에 올리고 닭다리살은 실을 뺀 후 먹기 좋게 잘라 함께 접시에 올린다. 초콜릿소스를 얹은 뒤 시금치와 비트잎으로 장식한다.

> **닭고기 요리와 몰레소스**
> 닭가슴살은 지방이 거의 없고 단백질 함량이 높아 근육 성장에 효과가 있어요. 특히 성장기 아이들에게 좋지요. 몰레 소스는 여러 고추와 아몬드, 참깨, 건포도, 초콜릿 등으로 만든 소스로 주로 닭고기 요리에 얹어 먹는 것을 말한답니다. 이 요리에서는 몰레소스를 응용해서 초콜릿소스를 만들었어요.

Recipe 40
샬롯 피클과 어우러진 호박 크림 수프
PUMPKIN CREAM SOUP WITH PICKLED SHALLOTS

향긋한 샬롯과 부드럽고 담백한 호박의 절묘한 하모니가 어우러진 달콤한 호박 수프.

호박크림수프 재료
단호박 100그램 | 샬롯 1/2개 | 올리브오일 1큰술 | 버터 1큰술
우유 300밀리리터 | 생크림 50밀리리터 | 메이플시럽 1작은술

피클 재료
설탕 50그램 | 식초 100밀리리터 | 물 100밀리리터 | 샬롯 1/2개

장식용 재료
해바라기씨 | 바질잎

호박크림수프 만들기
1. 단호박은 2센티미터 가량의 정사각형 모양으로 자른다. 샬롯 1/2개는 채 썬다.

2. 올리브오일 1큰술과 버터 1큰술을 두른 팬에 샬롯을 볶다가 호박을 넣고 함께 볶는다.
Say! 호박을 너무 많이 볶으면 수프 자체에 거뭇거뭇한 점이 생길 수 있으니 살짝만 볶으세요.

3. 호박이 살짝 익으면 우유, 생크림, 메이플시럽을 넣어 불을 낮춰 뭉근하게 끓인다.

4. 3의 수프가 뭉근해지면 믹서에 갈아 호박크림수프를 만든다.

샬롯 피클 만들기
5. 설탕 : 식초 : 물 = 1 : 2 : 2 비율로 만든 식초물에 먹기 좋게 자른 샬롯을 넣어 샬롯 피클을 만든다.
Say! 피클의 새콤달콤한 맛이 달콤한 호박 수프와 밸런스를 이루죠.

그릇에 담기
6. 믹서에 간 호박 크림수프는 체에 밭쳐 볼에 담고 해바라기씨와 샬롯 피클, 바질잎을 얹어 마무리한다.
Say! 수프를 볼에 담을 때는 절대 스푼을 사용해 누르지 말 것!

> **한국의 죽과 서양의 수프**
> 한국 호박죽과 서양식 호박수프는 조금 달라요. 호박수프는 대부분 우유와 생크림이 들어가 한국 사람에게는 다소 느끼할 수 있어요. 해바라기씨는 비타민B 복합체와 필수 아미노산이 풍부해 혈액 순환을 돕고 간기능 회복이 아주 좋습니다.

Apple 사과

Edward Kwon say

"사과는 여러 가지가 있어요. 우리나라만 해도 국광, 홍로, 부사, 아오리라고 다양한 품종이 있는데 전 세계적으로는 천여 종이 넘는 사과가 있다고 합니다.

사과는 요리하면 단맛과 풍미가 상당히 강해집니다. 신맛 또한 끌어낼 수 있죠. 이러한 사과의 특징을 이용해 이번엔 쉐리로 글레이즈한 달팽이, 사과와 거위간 요리 그리고 사과 치킨 소시지를 만들어 보도록 하겠습니다."

언제가 맛있나?
9~10월이 제철이지만 보관법이 발달한 지금은 3~4월에도 햇사과처럼 싱싱한 사과를 구할 수 있다. 나무에서 딴 지 2~3일이 지나야 육질과 향이 더욱 맛있어진다.

종류에 대하여
사과는 수많은 나라에서 갖가지 품종이 개발·재배되고 있는 세계적인 과일이다. 국내에도 다양한 사과의 종류가 있는데 대표적인 것은 다음과 같다.

부사(후지) 주로 10월말에 수확하는데 꼭지 반대쪽이 노릇한 게 특징이다. 전체적으로 붉은색이지만 노란색을 많이 띠는 것일수록 맛있으니 고르는 데 참조할 것. 다른 품종에 비해 시지 않고 단맛이 많다. 애칭이 '꿀사과'일 정도!
홍옥 9월초 아주 잠깐 동안 볼 수 있는데 육질이 차지고 새콤달콤한 맛이 나는 게 특징이다. 추석 때 많이 사용해 '추석 사과'라고도 한다.
아오리 8월부터 나오기 시작하는 초록 사과. 녹푸른 것일수록 아삭하고 달다.
홍월 10월초에 잠깐 나오는 사과로 껍질은 짙은 붉은 색이며 과육은 백색이다. 향이 진하다.

영양에 관하여
식이섬유인 펙틴이 다량으로 함유되어 장을 자극하고 배변활동을 원활하게 할 뿐 아니라 혈당량을 조절하며 콜레스테롤을 감소시켜 대장암을 예방하는 역할도 한다. 잼의 형태로 간편하게 조리해 자주 먹으면 습관적인 변비 해소에 도움이 되며 하루에 사과 한 개를 먹으면 암이 예방된다. 팩틴 성분은 대부분 껍질과 껍질 바로 밑의 과육에 들어 있기 때문에 생주스를 만들 때는 껍질째 갈아주는 것이 좋다.

잘 고르기
달콤한 향이 나고 꼭지 반대편에 녹색 빛깔이 나지 않는 것이 잘 익은 사과다.
숟가락으로 두드렸을 때 경쾌한 소리가 나고 꼭지가 푸르고 마르지 않은 것이 싱싱하다.
외피가 거칠더라도 전체적으로 붉은빛이 도는 것을 고른다.
너무 크면 싱겁다. 중간 크기의 사과가 맛도 좋고 육질도 단단한 편이다.

푸아그라와 달팽이가 어우러진 사과

사과 치킨 소시지

Recipe 41
푸아그라와 달팽이가 어우러진 사과
APPLES WITH FOIE GRAS AND SNAILS

향긋하고 달콤한 쉐리 옷으로 갈아입은 달팽이와 사과,
그리고 세계 진미의 대명사 푸아그라. 이들의 아찔한 만남!

주재료
푸아그라 180그램

갈색소스 재료
버터 1큰술 | 닭고기 가슴뼈와 다리뼈 150그램
당근 1/3개 | 양파 1/2개 | 마늘 3쪽
샐러리 10그램 | 로즈마리 약간 | 타임 약간 | 월계수잎 1개
레드와인 1/2컵 | 브라운스톡 5큰술 | 물 1컵

사과 양념 재료
사과 | 버터 1큰술 | 메이플시럽 1/2작은술

달팽이 양념 재료
양파 1/4개 | 쉐리와인 1큰술
파슬리 약간 | 버터 1큰술

기타 재료
처빌잎

갈색소스 만들기

1. 버터 1큰술을 두른 팬에 닭뼈와 듬성듬성 썬 당근, 양파, 마늘, 샐러리으 미루포아를 함께 볶다가 로즈마리, 타임, 월계수 잎을 넣는다.

Say! 소스를 만들 때는 양파와 당근, 마늘이 항상 들어가는데 이를 미루포아(morepoix)라고 합니다. 여기에 샐러리도 첨가하면 훨씬 더 깊은 풍미가 올라오죠.

2. 레드와인 1/2컵을 넣어 디글레이징하고 브라운스톡 5큰술과 물 1컵을 넣어 끓여 갈색 소스를 만든다.

Say! 디글레이징이란 고기를 굽거나 볶을 때 육즙에서 나오는 과다한 지방을 덜어내기 위한 방법으로 주로 와인이나 크림 등을 사용해요. 브라운스톡을 끓이려면 2~3시간의 조리 시간이 필요해요. 미리 만들어 두세요.

사과 & 달팽이 양념 만들기

3. 사과는 1.5센티미터 정방향으로 썰어 버터 1큰술 두른 팬에 볶다가 메이플시럽 1/2작은술, 소금과 후춧가루를 약간씩 넣어 볶는다.

Say! 소금은 아주 약간만 넣고 후춧가루는 좀 많이 넣으세요. 후춧가루의 매운 맛이 사과의 새콤한 맛과 절묘한 조화를 이루거든요.

4. 올리브오일을 두른 팬에 다진 양파를 볶다가 달팽이를 넣고 쉬리와인으로 1큰술로 글레이징한다. 다진 파슬리와 버터를 넣고 소금, 후춧가루 간을 해 볶는다.

Say! 달팽이는 프랑스에서 많이 먹지요. 달팽이의 특이한 향이 미각을 일으키는 전채 요리로 사용되지요.

푸아그라 굽기

5. 달군 팬에 푸아그라를 굽는다.

Say! 푸아그라 즉 거위간은 지방 함량이 높아서 기름을 사용하면 느끼한 느낌이 들 수 있으니 기름은 사용하지 마세요. 또한 부서지기 쉬워 질감을 잃을 수 있으니까 자주 뒤집지 마세요.

접시에 담기

6. 접시에 사과를 올리고 그 위에 푸아그라를 올린다. 달팽이도 따로 올린다. 2의 갈색소스를 뿌리고 처빌잎으로 장식한다.

> **사과를 요리에 사용할 때**
> 사과를 요리하면 단맛과 풍미가 강해집니다. 그런데 신맛도 나거든요. 특히 거위간과 달팽이요리를 할 때 신맛이 나면 거위간의 맛을 많이 감소시킬 수가 있어요. 그래서 메이플시럽을 사용해 글레이징을 해서 이를 보완하는 것입니다.

Recipe 42
사과 치킨 소시지
APPLES AND CHICKEN SAUSAGES

새콤달콤한 사과와 담백한 치킨이 이뤄낸 맛의 절정, 사과 치킨 소시지.
여기에 아몬드크림과 감자스틱이 맛의 황홀경을 선사한다!

사과 치킨 소시지 재료
채썬 사과 20그램 | 닭고기 80그램 | 타라곤

사과 퓌레 재료
사과 1개 | 오렌지 1개 | 생크림 2큰술 | 요구르트 1큰술

감자스틱 재료
감자 1개 | 올리브오일

아몬드크림 재료
아몬드 2큰술 | 다진 양파 1/4개 | 생크림 3큰술 | 버터 1큰술

장식용 재료
레몬 퓌레 2큰술 | 처빌오일
베이비 워터크래스 | 새순 | 타라곤

사과 치킨 소시지 만들기

1. 채썬 사과 20그램 다진 닭고기에 타라곤과 소금, 후춧가루를 조금씩 넣어 간을 한 후 섞어서 반죽한다.

2. 반죽을 일자로 랩으로 싸서 다시 포일에 말아 끓는 물에 4분 정도 익힌 뒤 소시지를 만들어 먹기 좋게 잘라 팬에 노릇하게 굽는다.

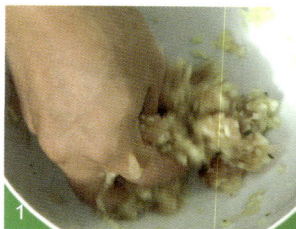

사과 퓌레 만들기

3. 듬성듬성 자른 사과를 달군 팬에 올리고 오렌지는 즙을 짜 넣어 함께 볶는다.

4. 3에 생크림을 넣어 뭉근하게 끓이다가 요구르트를 섞어 믹서에 갈아 사과 퓌레를 만든다.

감자스틱 만들기

5. 감자는 채썰어 올리브오일에 튀겨 스틱을 만든다.

아몬드크림 만들기

6. 버터 1큰술을 두른 팬에 아몬드, 다진 양파 1/4개, 생크림 3큰술을 넣어 뭉근하게 끓인 후 소금 간을 해 아몬드크림을 만든다.

접시에 담기

7. 접시에 2의 소시지를 올리고 6의 아몬드크림을 얹는다. 레몬 퓌레를 접시에 뿌리고 나머지 아몬드와 튀긴 감자도 접시에 얹는다. 처빌오일, 베이비 워터크래스, 새순으로 장식한다.

Say! 베이비 워터크래스란 우리말로 물냉이를 말해요. 다이어트에 좋고 철분, 비타민이 풍부하여 혈액을 맑게 해 주는 효과가 있어요. 샐러드나 육류요리의 장식용으로 주로 이용하지요.

Orange 오렌지

Edward Kwon say

"사랑하면 떠오르는 과일로 오렌지를 빼어놓을 수가 없지요. 향긋하고 새콤하며 달콤한 그 맛, 캬! 바로 그 오렌지를 가지고 요리를 만들어 볼 텐데요. 첫 레시피의 포인트는 '어떻게 오렌지를 익혀서 치즈와 잘 어우러지게 할까?'를 고민하다 생각난 것입니다. 그 결과 오렌지와 블루 치즈 그 둘의 절묘한 만남이 펼쳐졌죠. 두 번째 레시피는 바다냄새 풍부한 딱새우와 오렌지를 이용하는 건데요. 그 둘이 어떤 맛의 조화를 이루며 환상의 콤비를 이루는지 살펴 보시죠."

언제가 맛있나?
6월부터 10월. 늦은 봄에서 늦가을까지 먹을 수 있다.

영양에 관하여
오렌지는 비타민C가 풍부해 항산화작용이 뛰어나며 면역기능을 강화시킨다. 중간 크기의 오렌지 한 개면 하루 필요한 비타민C를 충분히 섭취할 정도. 또 비타민P가 들어 있어 고혈압에도 효능이 있고 엽산 성분 때문에 임신 초기 산모에게 좋다. 지방과 콜레스트롤은 없고 섬유질이 풍부하며 약간 쓴맛의 터핀 성분이 들어 있어 암 예방에도 효과적이다. 단, 당이 많아 너무 많이 섭취하면 다이어트에 좋지 않다.

잘 고르기
꼭지 부분 말고 그 반대편 쪽이 불룩 튀어나온 것이 클수록 좋다.
표면이 까슬한 것보다는 만졌을 때 부드러운 것, 붉은빛이 살짝 도는 노란색, 모양이 울퉁불퉁하지 않고 예쁜 것이 좋다. 껍질의 색깔이 흐리거나 얼룩진 것은 맛이 떨어진다.
껍질이 너무 반질거리는 것은 왁스를 지나치게 많이 먹은 것이고 흰 가루가 많은 것은 대량의 농약을 살포한 것이니 주의할 것.
단단하고 껍질이 두꺼우면 과육의 양이 적으니 들었을 때 묵직하고 껍질이 얄팍한 것을 고른다.

잘 보관하기
1~5도에서 7일 정도 보관하는 것이 적당하다. 오래 두면 수분이 빠져 나간다.
폴리에틸렌 봉지에 넣어 냉장 보관한다. 겨울에는 서늘한 장소에 보관한다.
껍질은 깨끗이 씻어서 먹는 것이 좋고 농약과 왁스를 제거하려면 먹기 전 따뜻한 물에 잠시 담근 후 과일 전용 세제로 닦은 뒤 여러 번 헹군다.
껍질을 쉽게 까려면 끓는 물에 살짝 데친 뒤 냉장고에 넣어 식히면 된다

알아두면 좋은 활용법
오렌지에는 발렌시아 오렌지와 네이블 오렌지 두 종류가 나오는데 약간 신맛이 나고 과즙이 풍부한 발렌시아 오렌지는 주스용으로 적당하다. 네이블 오렌지는 캘리포니아 오렌지를 말하는데 당도가 높고 신맛은 적지만 과즙이 많지 않아 그냥 먹는 것이 좋다. 최근에는 과육의 색이 빨간 블러드 오렌지도 나온다.
제주도의 한라봉이 오렌지보다 맛있다. 생산량이 많지 않아 값은 비싸지만 맛과 향이 좋으며 씹는 맛도 특이해 임산부의 입덧을 없애는 데 효과적이다. 2~3월이 제철이다.
오렌지껍질은 향이 강해 방향제나 세제로도 사용할 수 있다. 즙을 짜고 남은 오렌지 껍질 1개분과 1/2컵의 식초를 섞어 하루 동안 우려낸 물로 주방타일이나 화장실 변기 등을 닦으면 악취가 제거되고 찌든 때가 닦인다. 껍질을 말려서 빻은 후 물에 하룻밤 담갔다 분무기를 이용해 집안 곳곳에 뿌리면 천연 방향제 역할도 한다.

구운 한라봉 & 호두 쉐리 비네그레트

구운 딱새우&오렌지크림

Recipe 43
구운 한라봉 & 호두 쉐리 비네그레트
Hallabong oranges with sherry walnut vinaigrette

탱글탱글~ 풍부한 과즙의 한라봉과 고소한 블루치즈의 아찔한 만남!

한라봉 구이 재료
한라봉 3개 | 버터 1큰술

호두 쉐리 비네그레트 재료
호두 3~4개 | 타임 약간
쉐리와인식초 2~3큰술
포도씨오일 2~3큰술

기타 재료
블루치즈 60그램

장식용 재료
새순(장식용) 약간

한라봉 굽기
1. 한라봉의 양쪽 끝부분을 잘라 껍질을 칼로 벗기고 익혔을 때 질긴 부분이 없도록 흰 부분을 다듬는다.

2. 다듬은 한라봉을 가로로 잘라 수분을 제거한다. 올리브오일 2~3큰술과 버터 1큰술을 두른 팬에 오렌지를 올리고 소금 간을 약간 한 후 캐러멜화될 때까지 굽는다.
Say! 오렌지를 팬에 구우면 신맛이 줄어드는 대신 단맛이 높아져요.

호두쉐리 비네그레트 만들기
3. 믹싱볼에 호두를 손으로 잘게 부숴 넣고 잘게 부순 타임, 쉐리와인식초, 포도씨오일에 소금, 후춧가루 간을 약간 해 몽골몽골하게 저어 호두쉐리 비네그레트를 만든다.
Say! 쉐리와인식초의 쉐리는 스페인에서 양조되는 화이트와인으로 식전, 식후에 디저트 와인으로 많이 이용됩니다.

접시에 담기
4. 한라봉에 뚝뚝 뗀 블루치즈를 얹혀 접시에 올리고 호두 쉐리 비네그레트를 군데군데 뿌린다. 새순 등의 샐러드로 마무리한다.
Say! 치즈와 단맛 나는 과일, 견과류 안주를 와인과 함께 하면 극한의 풍미와 맛을 느낄 수 있습니다.

블루치즈에 대하여
양젖과 푸른 곰팡이로 숙성시킨 치즈로 비타민과 유산균이 많으며 항생제 효과도 있습니다. 숙성도에 따라 고르곤졸라, 라풋, 블루치즈 등으로 구분되죠.

Recipe 44
구운 딱새우 & 오렌지크림
Hard-shell shrimp with orange cream

마디마디 바다의 향을 담은 딱새우가 상큼한 오렌지크림에 푹 빠졌다!

주재료
딱새우 300그램 | 시치미 약간

오렌지(한라봉)크림 재료
샬롯 2큰술 | 버터 1큰술
오렌지(한라봉) 1개
생크림 170~200밀리리터

오렌지 세그먼트 재료
오렌지 1개 | 코냑 약간

장식용 재료
피칸 | 초콜릿

딱새우 굽기

1. 달군 팬에 올리브오일 2큰술을 두르고 소금과 후춧가루 간을 한 딱새우를 살짝 굽는다. 시치미를 뿌려 간을 한다.

Say! 딱새우에 후춧가루는 살짝 진하다 싶을 정도로 해 주세요. 약간의 매콤한 맛이 단맛을 높여줍니다.

오렌지크림 만들기

2. 버터 1큰술을 두른 팬에 채썬 샬롯을 굽다가 오렌지(한라봉) 1개를 짜서 넣어 끓인다.

Say! 오렌지(한라봉)은 짜서 넣다가 껍질째 그냥 넣어도 됩니다.

3. 2가 끓기 시작할 때 생크림을 넣고 소금, 후춧가루 간을 해 조린 후 건더기를 체에 건지고 크림만 준비한다.

Say! 오렌지(한라봉)크림은 밀도가 높은 생선류와 잘 어울립니다. 참치, 연어, 광어, 농어 같은 생선과 함께 조리하면 색다른 맛을 느낄 수 있어요.

오렌지 세그먼트 재료

4. 오렌지 세그먼트를 준비한다.

Say! 세그먼트(segment)는 과일의 껍질 등을 모두 제거해 과육만 발췌하는 것을 말해요.

5. 달군 팬에 오렌지껍질을 얇게 채쳐서 넣고 어느 정도 구워지면 코냑을 뿌린다.

Say! 오렌지껍질을 채칠 때는 기구를 사용하는 것이 좋아요. 오렌지 껍질이 살짝 구워졌을 때 코냑을 넣는 이유는 요리에 꼬냑의 독특한 향과 맛을 더하기 위해서예요.

6. 여기에 3의 오렌지크림을 넣고 끓인다. 끓인 오렌지 소스에 송송 썬 실파를 넣는다.

접시에 담기

7. 접시 위에 적당히 익힌 딱새우를 툭툭 올리고 6의 오렌지크림을 적당히 뿌린다. 오렌지 세그먼트와 구운 피칸을 올린다. 채판에 간 초콜릿을 뿌려 마무리한다.

Say! 소스는 세그먼트 위에는 뿌리지 마세요. 세그먼트에 소스가 올라가면 깨끗한 느낌이 들지 않아요.

딱새우 맛있게 조리하는 법과 피칸

딱새우는 맛과 영양소 구성 등이 새우와 비슷합니다. 비타민B가 풍부하죠. 딱새우는 굉장히 작아 너무 많이 익히면 질기다는 느낌이 들 수 있으니 살짝 구워 주세요. 구울 때 파슬리 몇 조각을 함께 넣으면 풍미가 좋아집니다. 피칸(pecan)은 호두에 비해 좀 더 진하고 고소한 맛을 가진 견과류로 주로 쿠키, 파이, 타르트 등에 사용합니다.

Spinach 시금치

Edward Kwon say

" 시금치는 우리가 굉장히 흔히 접할 수 있는 잎채소입니다. 시금치는 흔히 데쳐서 나물로 먹거나 볶아 먹는데 많이 익히면 시금치가 가진 영양소가 파괴되지요. 그러므로 시금치를 볶을 때는 잔뜩 달궈진 팬에 오일 두르고 슥삭슥삭 볶아 주세요. "

영양에 관하여
채소 중 비타민A와 C를 가장 많이 함유하고 있는 녹황색 채소로 철분과 무기질이 풍부하다. 햇빛을 많이 받고 자란 것일수록 비타민 함유량이 높다. 혈액순환을 좋게 하고 속을 편안하게 한다. 시금치에 함유된 엽록소에는 숙취를 억제하는 효과도 있다.

잘 고르기
짙은 초록색이 싱싱하며 벌레가 먹거나 시든 잎이 없는 것으로 고른다.
주로 두 가지 품종이 나오는데 국거리로는 잎이 넓고 줄기가 긴 것이 좋으며, 나물을 무칠 때는 짤막하면서도 뿌리 부분이 불그스름한 것이 달착지근하고 고소하다.
줄기에 물이 많고 통통한 것이 좋고 줄기가 너무 자란 것이거나 잎사귀가 자란 것, 꽃이 피었거나 까맣게 변한 것도 피한다.
지나치게 굵은 것은 잎이 뻣뻣하다.

잘 보관하기
0~5도에서 3일간 보관가능하다.
온도가 높고 오래 묵을수록 비타민C가 파괴되므로 되도록 빨리 조리한다.
신문지에 싸서 분무기로 물을 뿌린 후 냉장고 채소칸에 보관한다.
데친 것은 물기를 짠 뒤 채소칸에 보관한다.

알아두면 좋은 활용법
물기를 없앨 때 너무 꽉 짜면 단맛이 사라지므로 주의한다.
삶은 것을 소쿠리에 밭쳐 흐르는 물에 씻으면 떫은맛과 거품 찌꺼기를 없앨 수 있다.
뿌리 쪽의 붉은 부분은 영양이 풍부하므로 살짝 긁어낸 뒤 그대로 사용한다.

머스터드를 얹은 시금치 나폴레온

검은 후추 거품을 올린 시금치 렌틸 수프

Recipe 45
머스터드를 얹은 시금치 나폴레옹
SPINACH NAPOLEON WITH MUSTARD

켜켜이 쌓아 올린 시금치와 마늘 크루통이 선사하는 정상의 맛, 시금치 나폴레옹!
머스터드크림이 전하는 거부할 수 없는 맛의 유혹이 시작됩니다.

바게트 크루통 재료
바게트 1/4개

시금치 볶음 재료
시금치 100그램 | 샬롯 1/2개 | 마늘 1쪽 | 버터 1큰술

머스터드크림 재료
버터 큰술 | 다진 샬롯 1/4큰술
겨자 1큰술 | 생크림 170~200밀리리터

기타 재료
메추리알 3개

장식용 재료
처빌 | 발사믹식초

바게트&메추리알 준비하기
1. 바게트는 냉동실에 살짝 얼려 얇게 슬라이스하고 메추리알을 끓는 물에 1분간 살짝 익힌다.

시금치 볶기
2. 올리브오일 1큰술을 두른 팬에 샬롯과 마늘을 다져 볶는다.

3. 2의 팬에 버터 1큰술을 두른 후 소금, 후춧가루 간을 해 시금치를 살짝 볶는다.

머스터드크림 만들기
4. 버터를 두른 팬에 다진 샬롯 1/4개와 겨자 1큰술, 생크림을 넣어 뭉근하게 끓여 머스터드크림을 만든다.

바게트 크루통 만들기
5. 얇게 슬라이스한 1의 바게트를 올리브오일을 살짝 두른 오븐에 구워 크루통을 만든다.

접시에 담기
6. 접시에 시금치를 올리고 그 위에 바게트 크루통을 얹은 뒤 같은 방법으로 층을 쌓는다. 접시에 머스터드크림을 뿌리고 메추리알, 처빌, 발사믹식초로 장식한다.
Say! 메추리알은 가운데를 툭 잘라 반숙 노른자가 보이게 올려도 좋아요.

> **나폴레온과 머스터드소스**
> 나폴레온(napoleon)은 접시에 재료 자체를 겹겹이 쌓아 올린 음식을 말해요. 핫 잉글리시 머스터드(hot english mustard)는 밝은 노란색을 띠며 흰 겨자씨를 이용해 만든 소스예요. 머스타드 중 가장 매운 맛이죠.

Recipe 46
검은 후추 거품을 올린 시금치 렌틸 수프
SPINACH LENTIL SOUP TOPPED WITH BLACK PEPPER FOAM

푸른빛과 향이 너무나 매혹적인 시금치 렌틸 수프!
그리고 중동의 분위기를 물씬 느낄 수 있는 슈맥 후추와
폭신한 밀크거품의 만남이 펼쳐집니다.

렌틸수프 재료
샬롯 1큰술 | (그린) 렌틸 100그램 | 물 400그램
버터 1큰술 | 생크림 100밀리리터

후추 거품 재료
버터 1큰술 | 다진 샬롯 1큰술 | 통후추 약간 | 우유 300밀리리터

렌틸 익히기
1. 버터 1큰술, 올리브오일 1큰술을 두른 팬에 다진 샬롯을 볶는다.

2. 샬롯을 볶은 팬에 렌틸과 물을 1 : 4의 비율로 넣고 생크림을 붓는다.

후추거품 만들기
3. 버터를 두른 팬에 다진 샬롯과 후추를 넣고 볶다가 우유 300밀리리터를 부어 끓인다. 한소끔 끓으면 불을 확 줄인다.

Say! 후춧가루는 조금 많이 넣으세요. 많이 넣으면 매울 것 같지간 살짝 볶으면 매운맛이 많이 감소되어 맵지 않아요.

4. 핸드믹서를 이용해 후추 우유거품을 풍성하게 만든다.

렌탈수프 완성하기
5. 익힌 2의 렌틸을 믹서에 넣고 소금, 후춧가루 간을 한 뒤 시금치를 넣어 갈아 렌틸수프를 완성한다.

그릇에 담기
6. 수프볼에 렌틸 수프를 담고 후추 거품을 얹은 뒤 올리브오일을 뿌려 마무리한다.

Say! 렌틸수프는 건더기가 있어도 무방합니다. 싫으면 갈아서 체에 걸러도 되구요. 저는 개인적으로 렌틸수프는 건더기가 씹히는 게 좋더라고요.

렌틸(lentils)은 콩의 한 종류
렌틸은 유럽 지방에서 많이 쓰이는 콩입니다. 특히 중동 지방과 인도 지역에서 쓰이는 기본적인 식자재죠. 비타민A와 B, 철분 및 미네랄, 칼슘 등이 풍부해 임산부에게 좋습니다.

Potato 감자

Edward Kwon say

"이번엔 울퉁불퉁 못생긴 감자를 가지고 감자 수프와 팬에 구운 연어, 감자 리조토를 만들어 볼까 합니다. 악마의 음식이라고 천대받던 감자를 오늘은 화려하게 재탄생시켜 볼 거예요. 쉽게 구할 수 있는 감자, 평범한 감자지만 어느 멋진 날 이 평범한 재료로 특별식을 한번 만들어 보세요. 멋있는 이벤트가 될 거예요."

언제가 맛있나?
6월에서 10월까지, 늦봄에서 초가을까지가 제철이지만 생산지역에 따라 1년 내내 먹을 수 있다. 여름에서 가을엔 황토빛 흙이 묻어있는 강원도 감자가 맛있고 겨울에서 이른 봄까지는 까만 흙이 묻어 나오는 제주도 감자가 맛있다.

영양에 관하여
육류나 유제품 섭취를 주로 하는 서양인의 식습관에 잘 어울리는 재료. 주식으로 먹어도 될 정도로 탄수화물이 풍부하다. 칼륨, 인, 칼슘 등 무기질이 많이 함유되어 있다. 특히 나트륨 섭취가 많은 한국 사람에게 좋은데 감자에는 나트륨보다 칼륨이 12배나 많이 들어 있기 때문이다. 감자는 채소로서의 특성도 가지고 있어 산성이 강한 고기류, 어패류, 유제품과 어울린다. 또한 영양 밸런스를 유지하는 대표적인 알칼리성 식품으로 사과보다 알칼리성 수치가 높고 비타민C 함량이 오이의 두 배에 달한다. 녹말에 싸여 있어 찌거나 삶아도 영양소 보존율이 높다. 전자레인지에 요리하면 삶거나 찌는 것보다 영양파괴가 적다.

잘 고르기
표면에 흠집이 적으며 매끄러운 것을 선택한다. 무거우면서 단단한 것이 좋다.
싹이 나거나 녹색 빛깔이 도는 것은 피하고 껍질을 벗겼을 때 노란색을 띠는 것이 좋다.
눈자국이 너무 깊이 팬 것은 피한다.
색이 진하거나 껍질이 주름진 것은 오래된 것이다.
둥글고 껍질이 얇고 너무 크지 않은 것이 좋다.

잘 보관하기
1~5도에서 7일 동안 보관할 수 있다. 햇볕이 들지 않는, 통풍이 잘 되는 곳에 보관하고 종이나 신문지에 싸둔다.
냉장고에 넣어 두면 맛도 떨어지고 축축해지니 주의할 것.
바구니에 사과와 함께 보관하면 싹이 나는 것을 방지한다.
껍질을 까놓은 감자는 식촛물을 넣은 찬물에 담갔다 물기를 뺀 후 랩어 싸서 냉장 보관한다.

알아두면 좋은 활용법
치즈와 함께 먹으면 치즈에 있는 영양소가 감자와 어울려 영양의 상승효과를 준다.
칼로리가 낮고 포만감이 있어 다이어트에 좋다.

마늘 퓌레가 어우러진 감자 수프와 비트에 절인 연어

팬에 구운 연어와 감자 리조토

Recipe 47
마늘 퓌레가 어우러진 감자 수프와 비트에 절인 연어
GARLIC PUREE WITH POTATO SOUP AND BEET-MARINATED SALMON

알싸한 마늘향을 머금은 감자수프와 훈제연어의 만남.
혀 끝으로 느끼는 고소함의 최고점!

연어 절임 재료
연어 50그램 | 비트 100그램 | 타라곤 약간 | 딜 약간 | 굵은 소금 약간

감자 수프 재료
마늘 6~8개 | 로즈마리 약간 | 버터 2큰술 | 샬롯 1개 | 감자 2개
우유 700밀리리터 | 생크림 100밀리리터

기타 재료
식초 1/2컵 | 메추리알 1개 | 감자 1/2개

장식용 재료
연어알 | 사우어크림 | 새순

연어 숙성시키기

1. 연어는 소금간을 하고 비트는 껍질을 벗겨 박스 그라인더에 갈고 타라곤, 딜과 굵은 소금을 섞는다.

2. 간 비트를 소금간을 한 연어에 올리고 치즈크로스 혹은 거즈에 말아 24시간 동안 냉장 숙성한다.
Say! 비트 색깔이 워낙 강하기 때문에 연어 안쪽까지 색깔이 스며들 수 있어요. 그래서 치즈크로스(Cheesecloth)나 거즈를 이용합니다. 치즈크로스는 가는 실을 평직으로 짜서 풀을 세게 먹인 것으로 음식물을 여과할 때 많이 쓰입니다.

감자수프 만들기

3. 알루미늄 포일에 올리브오일을 붓고 깐 마늘과 소금, 후춧가루, 로즈마리를 넣고 포일을 감싸 180도의 오븐에서 5분간 구운 후 120도로 낮춰 다시 10분간 구워 마늘 퓌레를 만든다.

4. 버터 2큰술을 녹인 팬에 다진 샬롯, 3의 마늘 퓌레, 듬성듬성 자른 감자를 함께 넣고 익히다가 우유와 생크림을 넣고 끓인다. 끓으면 믹서에 갈아 감자 스프를 만든다.
Say! 감자 수프를 끓일 때는 감자가 팬에 눌어붙거나 샬롯이 타지 않도록 잘 저어 주어야 해요.

메추리알 익히기

5. 물과 식초를 7:3의 비율로 끓인다. 끓으면 팬을 불에서 살짝 옮긴 후 국자를 넣고 국자 안에 메추리알을 까서 넣은 다음 다시 중간불로 1분간 익혀 반숙으로 조리한다.
Say! 국자를 넣는 이유는 메추리알이 표면에 들러붙는 것을 방지하기 위해서예요.

와플 포테이토 만들기

6. 만돌린에 감자를 와플 모양으로 슬라이스해 튀겨 와플 포테이토를 만든다.
Say! 만돌린은 슬라이스부터 채썰기, 깍둑썰기, 와플모양 썰기 등이 가능한 다용도 슬라이서예요. 만돌린이 없으면 감자를 얇게 슬라이스해 바삭하게만 튀겨 주세요. 서양에서는 감자튀김을 와플 모양으로 많이 떠어서 이를 와플 포테이토라고 부릅니다.

마무리하기

7. 비트에 절인 2의 연어를 꽃모양 등으로 자른다. 감자 수프는 볼에 연어는 접시에 올리고 그 위에 와플 포테이토, 연어알, 메추리알을 얹는다. 사우어크림과 새순으로 장식한다.
Say! 반숙으로 익힌 메추리알을 보기 좋게 프리젠테이션하는 팁! 칼로 메추리알 윗부분을 잘라 노른자가 익지 않은 것을 보여 주세요. 또 사우어크림을 붓으로 긁어 주면 아주 멋진 스타일링을 만들 수 있어요.

Recipe 48
팬에 구운 연어와 감자 리조토
PAN-FRIED SALMON AND POTATO RISOTTO

구운 연어와 감자 리조토의 환상적인 궁합입니다.

주재료
연어 180그램

피클주스 재료
피클링스파이스 1큰술 | 피클용 각종 버섯(새송이, 느타리버섯 등) 150그램
식초 200밀리리터 | 설탕 100그램 | 물 200밀리리터

감자리조토 재료
감자 1개 | 샬롯 1/4개 | 버터 1큰술
생크림 350밀리리터 | 딜 약간 | 파르메산 치즈 10그램

버섯피클 & 연어 구이

1. 버섯피클을 이틀 전에 미리 준비한다.

Say! 피클링스파이스에 설탕 : 물 : 식초를 1 : 2 : 2의 비율로 넣어 피클주스를 만들어요. 여기에 각종 버섯을 넣고 이틀간 냉장 숙성시켜 버섯피클을 미리 만듭니다. 버섯 피클은 연어의 텁텁한 맛을 한 방에 날려 보냅니다. 피클을 만들 때는 레시피를 정확하게 따라야 해요.

2. 연어는 칼집을 내고 소금, 후춧가루 간을 한 후 올리브오일 2큰술을 두른 팬에 바삭하게 구워 휴지시킨다.

Say! 생선을 구울 때 두 번 이상 뒤집지 않는다는 거 잊지 마세요. 어느 정도 익으면 불에서 팬을 내리고 휴지시키는 것도요.

감자 리조토 만들기

3. 샬롯 1/4개는 다지고 감자는 0.5센티미터 크기의 주사위 모양으로 잘게 썬다.

4. 올리브오일과 버터 1큰술을 두른 팬에 3의 다진 샬롯과 감자를 넣고 소금, 후춧가루 간을 해 볶는다.

5. 4에 생크림 350밀리리터와 딜을 약간 넣어 뭉근하게 끓이다가 곱게 간 파르메산 치즈를 넣어 한번 더 익혀 감자 리조토를 완성한다.

Say! 딜은 연어요리에 많이 사용해요. 독특한 향내가 연어 자체의 맛을 향상시키거든요.

시금치 볶기

6. 시금치는 소금, 후춧가루 간을 해 살짝 볶는다.

Say! 녹색채소인 시금치를 너무 오래 조리하면 영양분 파괴가 심해요. 볶는 둥 마는 둥 살짝 볶아 주세요.

접시에 담기

7. 접시에 감자 리조토를 올리고 그 위에 구운 연어를 얹는다. 시금치와 먹기 좋게 자른 버섯 피클로 장식한다.

버섯 피클 만들기
피클을 맛있게 만들려면 피클링스파이스가 있어야 해요. 키클링스파이스는 피클맛에 어울리는 향신료를 섞어 놓은 것입니다. 겨자씨, 코리앤더씨, 딜씨, 정향, 통후추 월계수잎 등이 섞여 있어요.

Mangosteen 망고스틴

Edward Kwon say

"남국의 정취를 느낄 수 있는 망고스틴! 이 망고스틴을 사용해 생선과 어울리는 연어 콩피와 구운 정어리 요리를 해 보도록 하겠습니다. 연어 콩피, 정어리에 뜬금없이 웬 망고스틴이냐고요? '과일은 디저트다' 라는 고정관념을 버리는 게 좋겠네요. 에드워드와 요리를 하시면 고정관념을 깰 수가 있습니다. '아~ 이런 과일로 이런 생선요리를 하는구나!' 하고요.

망고스틴은 껍질을 벗기면 깐 마늘처럼 생겼어요. 깐 마늘처럼 흰 부드러운 속살이 뭉실뭉실 붙어 있는데요. 즙이 많고 단맛이 나기 때문에 맵고 뜨거운 음식을 먹은 후 디저트로 먹기에 안성맞춤입니다. 동남아에서는 이 껍질을 민간약으로도 사용한다고 하네요. 크산톤이 풍부해서 항균 및 노화방지 효과가 뛰어나죠. 망고스틴을 먹을 때는 칼로 껍질의 반을 벗겨낸 후 스푼을 이용해 알맹이를 꺼내면 됩니다."

언제가 맛있나
5월에서 10월까지, 봄부터 늦가을까지 즐길 수 있다.

영양에 관하여
몸 속 유해산소를 제거, 강력한 항산화제 역할을 하는 크산톤과 폴리페놀을 함유하고 있어 노화방지에 탁월하다. 크산톤은 과일의 껍질에 많이 함유되어 있는데 이외에 과육에 포함된 미네랄, 비타민, 식이섬유(정장작용), 카테킨 등은 피부트러블, 미백은 물론 피부를 매끄럽게 하는데 효과가 있으며 피로회복에도 더 없이 좋다. 부작용 없는 자연 최고의 건강보조 식품으로 정평이 난 과일.

잘 고르기
색은 진한 자주색이 좋고 무거우며 향이 진한 것이 좋다.
사과처럼 나와 있는 꼭지가 싱싱한지 확인한다.
두꺼운 껍질을 살짝 눌러 보았을 때 손 모양으로 약간 들어가는 것이 좋으며 크기는 천두복숭아 크기가 적당하다.

언제가 맛있나
5월에서 10월까지, 봄부터 늦가을까지 즐길 수 있다.

영양에 관하여
몸 속 유해산소를 제거, 강력한 항산화제 역할을 하는 크산톤과 폴리페놀을 함유하고 있어 노화방지에 탁월하다. 크산톤은 과일의 껍질에 많이 함유되어 있는데 이외에 과육에 포함된 미네랄, 비타민, 식이섬유(정장작용), 카테킨 등은 피부트러블, 미백은 물론 피부를 매끄럽게 하는데 효과가 있으며 피로회복에도 더 없이 좋다. 부작용 없는 자연 최고의 건강보조 식품으로 정평이 난 과일.

잘 고르기
색은 진한 자주색이 좋고 무거우며 향이 진한 것이 좋다.
사과처럼 나와 있는 꼭지가 싱싱한지 확인한다.
두꺼운 껍질을 살짝 눌러 보았을 때 손 모양으로 약간 들어가는 것이 좋으며 크기는 천두복숭아 크기가 적당하다.

잘 보관하기
10~15도가 적정 보관온도다. 깨끗이 씻어 실온에 보관하면 된다. 다른 과일과 달리 보관하기가 쉬운 편.

알아두면 좋은 활용법
생으로 먹거나 주스, 통조림, 젤리로 만들어 먹거나 아이스크림에 넣기도 하고 말려서 먹는다.
치즈와 함께 먹으면 망고스틴에 부족한 칼슘을 보충해 주어 영양적 균형을 이룬다.

코코넛 거품소스를 곁들인 연어 콩피와 망고스틴

구운 정어리와 망고스틴, 토마토 비네그레트

Recipe 49
코코넛 거품소스를 곁들인 연어 콩피와 망고스틴
SALMON CONFIT AND MANGOSTEEN WITH COCONT FOAM SAUCE

싱싱한 연어와 열대과일의 여왕인 망고스틴의 완벽한 조화,
그리고 그 조화를 달콤하게 축복하는 코코넛 거품소스~!

연어콩피 재료
연어 180그램

코코넛 거품소스 재료
코코넛밀크 1컵 | 우유 1컵 | 바닐라빈 약간

기타 재료
망고스틴 2개 | 마늘 2~3개

장식용 재료
졸인 발사믹식초 | 처빌

연어콩피 만들기
1. 연어는 껍질을 벗겨 손질한 후 진공 비닐팩에 넣고 연어가 잠길 정도르 올리브오일을 부어 40도 열에서 25분 정도 조리해 콩피를 만든다.

망고스틴 양념하기
2. 볼에 껍질을 벗긴 망고스틴, 올리브오일 1큰술, 소금, 후춧가루르 간을 한 후 잘 섞는다.

마늘칩 만들기
3. 마늘은 얇게 슬라이스해 살짝 튀겨 마늘칩을 만든다.

코코넛 거품소스 만들기
4. 달군 팬에 코코넛우유와 우유를 부어 끓인 후 바닐라빈과 소금, 후춧가루 간을 넣어 뭉근하게 끓인다.

Say! 바닐라빈(vanilla beans)은 바닐라에서 열리는 타닐라 열매를 건조·발효시킨 것입니다. 바닐라빈은 반으로 자른 뒤 중간 대를 칼로 잘라 손질해 주세요. 안쪽에 있는 바닐라에센스에서 바닐라 향기가 은은하게 우러나오도록.

5. 4를 코코넛 거품소스가 일어나도록 핸드믹서로 섞는다.

Say! 거품소스는 우유가 69도까지 올라왔을 때 핸드믹서를 사용해서 거품을 쳐 주면 거품이 잘 올라와요.

접시에 담기
6. 접시에 연어콩피를 놓고 코코넛 거품소스를 뿌린다. 3의 마늘칩과 2의 망고스틴도 자연스럽게 올린다. 졸인 발사믹식초를 뿌린 후 처빌로 장식한다.

콩피를 만드는 두 가지 방법

콩피(Confit)는 고기를 기름에 재워 낮은 온도에서 오랫동안 익히는 방법을 말해요. 콩피를 만드는 방법에는 두 가지가 있어요. 하나는 팬에 오일을 붓고 주재료가 오일 안에 완전히 잠수가 되도록 조리하는 것이고 다른 하나는 진공포장을 이용하는 방법입니다. 진공포장을 하면 오일 자체의 은은한 맛이 날아가지 않고 재료에 그대로 흡수하기 때문에 부드럽고 안전하게 조리할 수 있어요. 진공포장을 한 후 40도의 열에서 22~25분간 조리하면 됩니다. 또 콩피 요리를 할 때는 연어를 기름 안에서 익혀야 해요. 느끼할 거라고 생각하지만 반대로 연어가 기름 안에 들어감으로써 연어 자체가 가진 모든 기름이 밖으로 나옵니다. 그래서 조리하게 되면 하얀 백태 같은 것이 끼죠.

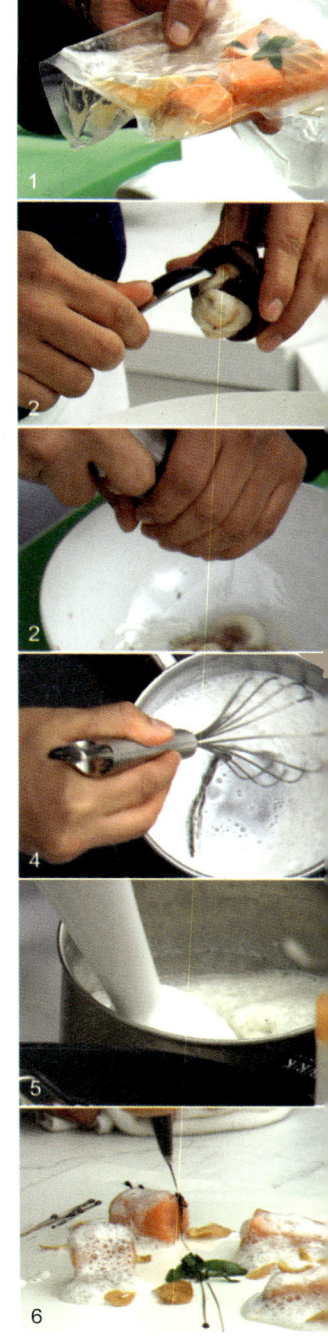

Recipe 50
구운 정어리와 망고스틴, 토마토 비네그레트
FRIED SARDINES WITH MANGOSTEEN AND TOMATO VINAIGRETTE

구운 정어리와 망고스틴, 토마토가 어우러진 색다른 요리의 탄생!
싱싱한 바다의 재료와 망고스틴의 조화가 선보이는
열대의 낭만적인 식탁이 펼쳐집니다.

정어리 구이 재료
정어리 180그램 | 타라곤 조금

망고스틴 토마토 비네그레트 재료
망고스틴 3개 | 체리토마토 3개 | 쉐리와인식초 1작은술 | 바질 1작은술

기타 재료
케이퍼 1큰술 | 주키니호박(노란색, 파란색) 각 2조각

정어리 굽기

1. 정어리는 포를 떠서 칼집을 내고 소금, 후춧가루 간을 해 달군 팬에 굽는다. 어느 정도 구워지면 올리브오일을 한번 두르고 타라곤을 얹는다.
Say! 등푸른 생선인 정어리는 오메가3의 함량이 매우 높아요. 생선을 구울 때는 두 번 이상 뒤집지 마세요.

망고스틴 토마토 비네그레트 만들기

2. 볼에 망고스틴, 쉐리와인식초, 체리토마토, 듬성듬성 썬 바질을 넣고 소금, 후춧가루 간을 해 망고스틴 토마토 비네그레트를 만든다.

케이퍼 튀기기

3. 케이퍼는 올리브오일을 두른 팬에 튀긴 후 체에 걸러 기름은 뺀다.
Say! 케이퍼(caper)는 꽃봉오리를 식초에 절여서 만든 향신료르 시큼한 향과 약간 매운맛이 있어요. 특유의 신맛이 음식의 맛에 방해가 될 수 있기 때문에 여기서는 튀깁니다.

주키니 호박 굽기

4. 노랑 파랑 주키니호박은 각각 2개씩 칼로 포를 뜨듯이 손질해 올리브오일을 두른 팬에 소금·후춧가루 간을 해 굽는다.
Say! 주키니호박(zucchini)은 애호박보다 단맛이 덜해 볶음이나 전보다는 찌개와 국요리로 많이 쓰여요.

접시에 담기

5. 접시에 정어리를 놓고 망고스틴 토마토 비네그레트를 위에 툭툭 올린다. 튀긴 케이퍼와 구운 주키니호박도 자연스럽게 올린다.

Endive 엔다이브

Edward Kwon say

"엔다이브, 우리 배추랑 많이 닮았죠? 배추보다 훨씬 앙증맞고 예뻐 죽겠어요. 잎사귀를 떼어 보면 우리 배추랑 비슷하지만 근데 배추랑 다른 게 있어요. 배추는 씹을 때 단맛이 나지만 엔다이브는 자체에 쓴맛이 난다는 거죠. 끝 맛에 쓴맛이 남습니다. 그런데 엔다이브를 구우면 그 쓴맛이 한방에 날아가요. 감칠맛 나는 소스를 곁들이면 상쾌한 맛으로 즐길 수도 있습니다. 갑자기 이 엔다이브를 보니까 생각나는데 제가 해외생활하면서 여러 나라에서 일을 했지만 특히 두바이에서 일을 할 때 배추 구하기가 아주 하늘에 별따기였거든요. 그런데 김치는 먹고 싶고……. 그래서 제가 엔다이브로 겉절이를 만들어 먹었는데 그 맛이 예술이었던 추억이 있네요."

간단히 설명하자면
지중해 연안이 원산지로 남유럽에서 널리 재배되어 우리나라에 최근 수입이 급증하고 있다.

영양에 관하여
비타민A, 카로틴, 철분이 풍부하다.
섬유질이 많아 몸 속의 중금속과 노폐물을 배출하는 데 효과적이다.
우리 몸에 수분을 공급하고 혈액순환을 개선하는 데에 도움을 준다.
손발저림과 통풍에 효과적이다.

잘 보관하기
서늘한 기온에 보관해야 한다.
추위에는 일반 양상추보다는 강한 편이지만 고온에서는 꽃눈이 분화되는 특성이 있다.

알아두면 좋은 활용법
상추처럼 쌈으로 이용되지만 익혀 먹어도 맛이 좋다.
상추류, 물냉이, 피망과 함께 약간의 쓴맛과 화려함으로 모둠 샐러드로 많이 쓰인다.
마요네즈 등 감칠맛 나는 소스로 버무리거나 드레싱하면 상큼한 맛이 난다.
단 마요네즈보다 드레싱이 더 잘 어울린다.
삶아 먹어도 좋고 수프에 넣거나 고기 요리에 다른 채소와 함께 넣어 끓여도 맛있다.
칼로리가 낮아 다이어트 효과가 좋으며 주로 샐러드나 카나페를 만들 때 사용한다.

버터에 익힌 엔다이브와 튀긴 브리치즈

구운 관자와 타임 비네그레트가 어우러진 엔다이브

Recipe 51
버터에 익힌 엔다이브와 튀긴 브리치즈
ENDIVES COOKED WITH BUTTER AND BRIE CHEESE

달콤쌉싸름한 맛이 매력적인 엔다이브가 부드러운 치즈를 만났다.
브리치즈의 고소함을 로맨틱하게 감싸 안는 엔다이브~!
이보다 황홀할 수 있을까?

버터에 익힌 엔다이브 재료
엔다이브 2개 | 버터 1큰술 | 샬롯 1/4개 | 화이트와인 1큰술
오렌지 1/2개 | 타임 약간

브리치즈 튀김 재료
브리치즈 20그램 | 밀가루 30~50그램 | 달걀 1개

호두크림 재료
버터 1큰술 | 샬롯 1/4개 | 마늘 1쪽
호두 1큰술 | 생크림 350밀리리터
다진 실파 1작은술 | 오렌지 1개

장식용 재료
물냉이

엔다이브 굽기

1. 엔다이브는 잎사귀를 떼고 끝대를 잘라 손질한 후 반으로 자른다.

Say! 엔다이브는 벨기에에서 처음 재배했다고 해서 영어로는 'belgian endive'로도 통해요.

2. 올리브오일 2큰술을 두른 팬에 자른 엔다이브를 소금, 후춧가루 간을 해 굽는다. 어느 정도 구워지면 버터를 1큰술을 넣고 노릇하게 더 굽는다.

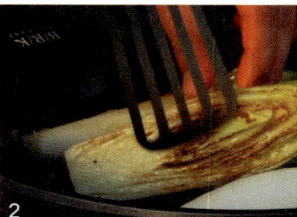

소스 만들기

3. 버터 1큰술을 두른 팬에 채썬 샬롯을 살짝 볶다가 화이트와인을 부어 디글레이징한 후 즙을 낸 오렌지와 타임을 넣어 소스를 만든다.

Say! 오렌지는 치즈의 맛을 많이 완화시키는 역할을 해요.

구운 엔다이브 소스에 익히기

4. 완성된 3의 소스에 2의 구운 엔다이브를 넣고 1/3정도 익을 떠 불을 끈다.

브리치즈 튀기기

5. 브리치즈는 잘라 밀가루, 달걀물을 입혀 160도의 기름에 노릇노릇하게 튀긴다.

Say! 브리치즈(Brie cheese)는 솜털 같은 하얀 외피가 특징인 프랑스 브리 지방의 치즈예요. 기름의 온도가 너무 높으면 들어가자마자 바로 퍼져 버리니 기름 온도를 맞추는 데 유의하세요.

호두크림 만들기

6. 버터를 두른 팬에 샬롯과 마늘을 다져서 볶다가 호두를 손으로 뚝뚝 잘라 넣고 볶는다. 생크림을 넣고 끓어 오르면 소금·후춧가루로 간을 하고 다진 실파와 오렌지 과육만 발라서 넣고 살짝 끓여 호두크림을 완성한다.

접시에 담기

7. 접시에 4의 엔다이브와 5의 브리치즈 올리고 6의 호두크림을 곁들인다. 물냉이로 장식한다.

글레이징과 디글레이징

글레이징은 과자 등의 요리를 할 때 시럽, 젤라틴 등으로 표면을 덧입히는 것이고, 디글레이징은 고기를 굽거나 볶을 때 바닥에 눌어 붙어 있는 부스러기를 와인, 물, 크림 등을 넣고 녹여 소스를 만드는 것입니다.

Recipe 52
구운 관자와 타임 비네그레트가 어우러진 엔다이브
ENDIVES WITH SCALLOTS AND THYME VINAIGRETTE

엔다이브의 변신은 무죄!
관자와 타임과 만나 전혀 색다른 맛으로 변신하는
엔다이브의 변화무쌍한 맛을 기대하시라!

주재료
관자 4개

엔다이브 볶음 재료
엔다이브 1/2개 | 빵가루 1큰술 | 처빌 약간

타임 비네그레트 재료
타임 1작은술 | 샬롯 1/2개
헤이즐넛오일 1큰술 | 쉐리와인식초 약간

기타 재료
사과 1개

장식용 재료
칠리마요네즈 | 처빌

관자 굽기
1. 올리브오일 3큰술을 두른 팬에 손질한 관자를 소금, 후춧가루로 간을 해 굽는다.

엔다이브 볶기
2. 엔다이브는 껍질을 떼고 손질해 대충 자른다.

3. 올리브오일 2큰술을 두른 팬에 빵가루를 볶다가 2의 엔다이브를 넣고 살짝 익힌다. 올리브오일을 조금 더 뿌리고 소금, 후춧가루 간을 해 볶다가 처빌을 넣는다.

Say! 처빌은 다른 주재료의 맛을 거의 해치지 않아서 요리에 자주 쓰이지요.

사과 굽기
4. 사과는 껍질을 벗겨 6등분으로 잘라 올리브오일을 두른 팬에 굽는다.

Say! 사과는 신맛이 나는 과일이기 때문에 구우면 단맛이 훨씬 향상되죠. 사과를 넣으면 엔다이브 특유의 쓴맛이 줄어듭니다.

타임 비네그레트 만들기
5. 볼에 타임, 잘게 부순 샬롯, 소금, 헤이즐넛오일, 쉐리와인식초를 넣어 타임 비네그레트를 만든다.

Say! 비네그레트는 오일, 소금, 후춧가루, 허브, 식초를 섞은 드레싱의 한 종류를 말해요.

접시에 담기
6. 구운 관자를 접시에 올리고 빵가루를 입힌 엔다이브와 구운 사과, 타임 비네그레트를 얹고 칠리 마요네즈로 장식한다.

> **관자구이 부드럽게 하는 방법**
> 관자는 물기를 완전히 제거하고 구우세요. 근육 부분은 껌처럼 질겅질겅 씹히는 게 음식 먹을 때 별로 좋지 않으니 제거하세요. 그리고 절대 두 번 이상 뒤집지 않으며 뒤집어 놓고는 꼭 휴지시키세요.

프랑스 음식에 관한 짧은 지식 IV
프랑스 디저트에 관한 지식

데세르(디저트)는 '식사를 끝마치다', '식탁을 치우다' 라는 프랑스말로 샐러드 다음에 나오는 감미로운 음식(앙트르메)를 의미한다. 프랑스 요리에서 말하는 앙트르메는 원래 요리 사이에 내는 음식이었으나 현재는 식사 후에 먹는 후식의 의미가 되었다.

프랑스인들의 디저트 사랑은 대단하다. 디저트를 즐기기 위해 메인 요리를 먹는다고 해도 과언이 아닐 정도. 간단하게 식사를 즐길 때도 빼놓을 수 없는 코스다. 프랑스의 디저트는 보통 따뜻한 것과 차가운 것으로 나뉘는데 수플레, 푸딩 등 따뜻한 것은 앙트르메 쇼라고 하고 과일, 셔벗, 아이스크림 등 차가운 것은 앙트르메 푸루아라고 한다. 따뜻한 디저트와 차가운 디저트 둘 다를 먹을 때에는 따뜻한 것을 먼저 먹는다. 무스나 푸딩 등은 숟가락을 사용하고 파이 종류는 포크, 케이크와 아이스크림, 셔벗은 포크와 스푼을 사용한다.

과일은 보통 포크를 사용해서 먹지만 수분이 많을 경우 보통 숟가락을 사용하고 딸기, 체리, 포도 등 꼭지가 있는 과일은 손으로 집어 먹는다. 슈크림이나 작은 빵 종류도 손을 이용해서 먹는다. 참! 디저트 코스로 들어가면 흡연을 해도 되고 테이블 스피치(table speech)를 해도 된다.

앙트르메 쇼(entremets chaud) : 따뜻한 디저트
- **벤예** : 프랑스 도넛 튀김과자
- **크렘 브륄레**: 설탕을 태워 캐러멜 위에 뿌려진 커스타드 크림
- **갸또** : 프랑스말로 케이크를 의미한다. 장식하지 않은 것과 장식한 것 둘 다 의미
- **무스** : 크림과 달걀 또는 젤라틴, 초콜릿이나 과일, 커피와 같은 향미제를 사용하여 약한 불에서 부드럽게 구운 과자
- **머랭** : 달걀흰자에 설탕과 향료를 넣어 거품을 낸 것. 단단하게 거품이 일어난 것을 예쁘게 모양내어 낮은 온도에서 오랜 시간 굽는다. 거품 모양을 그대로 유지하여 만들어진 과자
- **수플레** : 달걀흰자를 거품을 낸 것에 그 밖의 재료를 섞어서 부풀려 오븐에 구워낸 요리 또는 과자. 수플레는 식으면 부푼 것이 쭈그러지므로 구워낸 즉시 따뜻할 때 내야 한다.
- **푸딩** : 달걀, 우유 등을 주재료로 하여 천으로 싸서 찌는데 따뜻한 디저트로 쓰기도 하고 냉각시켜서 차게 먹기도 한다. 기본적인 커스터드푸딩 외에 커스터드 속에 카스텔라 분말을 넣은 로열푸딩, 카스텔라 건포도를 넣은 캐비넷푸딩, 초콜릿을 넣은 초콜릿푸딩, 옥수수녹말을 넣은

콘스타치푸딩이 있다.
- **타르트** : 밀가루와 버터를 섞어서 만든 반죽을 타르트틀(파이접시)에 깔고 과일이나 채소를 이용하여 속을 채우고 밀가루 반죽으로 위를 덮지 않아 담긴 재료가 그대로 보이게 하는 프랑스식 파이. 한마디로 과일 파이.
- **클라푸티** : 주로 생과일 체리를 이용해서 만드는 커스터드 파이
- **콩포트** : 과일을 통째로 설탕 조림한 것. 통조림으로 사용하는 과일(사과?딸기?서양배 등)은 예전에는 높은 굽이 달린 그릇에 담았으므로 그 그릇도 콩프트라 한다.

앙트르메 푸르아(entremets froid) : 차가운 디저트
- **소르베** : 과즙이나 술 향료로 만든 셔벗. 정찬 코스에서 입맛을 새롭게 하기 위하여 앙트레와 로스트 요리의 중간에 나오는데, 오늘날은 식후의 입가심으로도 쓰인다. 식사 중간의 셔벗은 술 종류를 얼린 것이 많고 단것은 적다. 셔벗은 정식으로는 소르베 글라스라는 발 달린 기다란 글라스에 담으며 손님에게 낼 때는 너무 단단하게 얼지 않은 것이 좋다.
- **바바루아** : 과일 · 우유 · 달걀 · 설탕 · 젤라틴 등 재료로 만들어서 먹는 과자. 무스와 혼동하기도 하지만 바바루아는 우유나 크림을 먼저 끓인 다음 휘저은 노른자에 붓는 점이 다르다.
- **글라스** : 아이스크림의 한 종류. 과일, 과자 등에 설탕을 발라 얼린 것
- **에끌레르** : 에끌레르는 번개라는 뜻으로 모양이 번개를 맞은 것 같은 데서 유래했다. 슈 페이스트(chou paste)로 만든 타원형 또는 손가락 모양의 데스트리로서 휘핑크림이나 바닐라 페이스트리 크림을 채워 넣고 초콜릿을 씌운 것. 슈크림과 다르며 위에는 달콤한 아이싱이 씌워진 것이다.
- **쁘와흐 오 벵** : 포도주에 담근 배

에드워드권's Kitchen

| 펴낸날 | 초판 1쇄 2010년 6월 15일 |
| | 초판 6쇄 2013년 9월 11일 |

요 리 에드워드권
저작권자 (주)몬스터리퍼블릭
펴낸이 심만수
펴낸곳 (주)살림출판사
출판등록 1989년 11월 1일 제9-210호

경기도 파주시 문발동 522-1
전화 031-955-1350 팩스 031-955-1355
http://www.sallimbooks.com
book@sallimbooks.com

ISBN 978-89-522-1458-4 13590

* 값은 뒤표지에 있습니다.
* 잘못 만들어진 책은 구입하신 서점에서 바꾸어 드립니다.